ANNABEL LANGBEIN
Natürlich kochen!

ANNABEL LANGBEIN
Natürlich kochen!

Inhalt

Einführung — 6

Aus der Backstube — 8
Süße Variationen aus Hefeteig wie Zimtschnecken, außerdem Würstchen in Blätterteig und selbst gebackenes Brot von superschnell bis herrlich knusprig sowie fabelhafte Tartes und Pies.

Aus dem Gemüsegarten — 40
Jahreszeitliche Salate und Beilagen, aromatische Tomatensaucen und -salsas und einige großartige vegetarische Gerichte.

Direkt vom Bauernhof — 120
Herrliche Würzmischungen und Marinaden, pikante Currygerichte, Schnelles aus der Pfanne und behagliche Braten aus dem Ofen.

Aus See und Meer — 168
Selbst geräucherter Lachs, zarte Fischküchlein, knusprig gebratener Tintenfisch, ein ganzer Fisch vom Grill und aromatisch duftende Fischsuppe.

Aus der Molkerei — 216
Rezepte zum Selbermachen von Käse und Eiscreme, luftigleichtes Sahnegebäck aus Brandteig und verführerische Desserts aus Schokolade.

Aus dem Obstgarten — 250
Vom altmodischen Streuselkuchen über zart schmelzende Panna cotta hin zu gebackenen pochierten Birnen und seidiger Zitronencreme.

Glossar — 313

Register — 315

Danksagung — 320

Willkommen

In unserem Häuschen in Central Otago am Fuß der neuseeländischen Südalpen verläuft das Leben noch in einem einfachen, natürlichen Rhythmus.

Das Meiste, was wir essen, kommt aus unserem Garten, vom Bauernhof oder von unseren Ausflügen in die Umgebung zum Jagen, Fischen und Sammeln. In unserer Freizeit erkunden wir die Schätze der Region, pflücken Kirschen oder Walnüsse und gehen auf dem See oder an der Küste angeln.

Ich koche auf einem zweiflammigen Gasherd und hacke Holz für den Brotbackofen im Freien. Wenn uns Freunde besuchen, sitzen wir stundenlang am Tisch, essen miteinander, plaudern und lachen viel.

Ich versuche nicht, Leute mit gastronomischen Kunststücken zu beeindrucken oder komplizierte Gerichte wie in einem Restaurant zu zelebrieren. Es geht darum, sich zu freuen und zu genießen, was die Natur uns so reichlich zur Verfügung stellt.

Luxus sucht man in der Küche meines Hauses vergebens; auch unsere Mahlzeiten sind weder teuer noch aufwendig. Ich brauche keine exotischen oder schwer aufzutreibenden Zutaten. Ein perfekt reifer Pfirsich, duftend und saftig, ein glänzender, frisch gefangener Fisch oder ein gut abgehangenes Stück Fleisch vom Bauern – das ist der Luxus, den wir uns gönnen.

Aus dieser Einfachheit entstand die Idee des natürlichen Kochens. Sie vertritt einen zurückhaltenderen Ansatz am Herd mit dem Ziel, sich mit Einfallsreichtum wieder mehr auf Frische, die Zugehörigkeit zu einer Gemeinschaft und das Leben im Hier und Jetzt zu besinnen und das zu genießen, was in der Saison gerade am besten ist.

Ich könnte das überall tun, denn überall auf der Welt widmen sich überzeugte, kluge Leute der Produktion von großartigen Nahrungsmitteln und Weinen. Doch Central Otago mit seiner majestätischen, reinen Schönheit und der Fülle, die Erde und Wasser bieten, hat mich ganz und gar gefangen genommen. Wenn ich hier bin, lebe ich ein einfaches, gutes Leben.

Zurück in der Stadt, ist die Erinnerung daran weiter lebendig. Ich gehe auf Bauernmärkte, um meinen Sinn für das, was gerade Saison hat, wachzuhalten, werkle in meinem Gemüsegarten, lerne meine Lebensmittelhändler kennen, nehme mir Zeit für Nachbarn und Freunde und versuche so, auch in der Stadt den Rhythmus des Landlebens beizubehalten.

Der Geruch von gerösteten Nüssen, frischem Kaffee oder gebratenem Speck regt immer den Appetit an. Überwältigend aber ist der herrliche Duft, der das Haus durchzieht, wenn gebacken wird. Backen ist für Anfänger in der Küche ein guter Ausgangspunkt – der Erfolg stellt sich wie von selbst ein, und alle können mitgenießen.

Ich habe schon immer gern gebacken. Mit Anfang Zwanzig begann ich mein erstes Unternehmen, indem ich in der damals kleinen Küstenstadt Buzios nördlich von Rio Croissants backte. Ich habe immer noch die wunderbaren Zeichnungen, die mir meine Mutter zu Beginn schickte, um zu illustrieren, wie man dieses nicht einfache Gebäck herstellt.

Croissants mache ich heute nicht mehr, aber ich backe nach wie vor mit Leidenschaft. An einem regnerischen, trüben Tag spendet nichts mehr Trost als der Duft eines Kuchens im Ofen – im Nu ist man wieder guter Dinge. Auch frisch gebackenes Brot mit seinem unwiderstehlichen Aroma von Nüssen, Getreide und Hefe bringt rasch die gute Laune zurück.

Die Backkunst meiner Mutter und Großmutter beruhte vor allem darauf, dass sie sich auf ihre Sinne verließen – fühlen, schmecken, riechen. Ein Brot kam aus dem Ofen, wenn es beim Klopfen hohl klang, ein Kuchen, wenn er einen singenden Ton von sich gab. In Wahrheit ist Backen eine Frage von Chemie und Mengenverhältnissen. Ein alter Hase am Herd mag den lockersten Biskuit oder das knusprigste Gebäck rein nach Gefühl hervorzaubern, doch wenn sich ein Neuling in der Küche einfach genau an die Mengenangaben und das Rezept hält, wird es ihm ebenfalls gut gelingen.

Brot ist da besonders dankbar. Es verschafft uns auf ganz einfache Weise einen warmen, häuslichen Genuss in unserem hektischen Alltag, der die Summe seiner einfachen Zutaten um ein Vielfaches übertrifft.

Zimtschnecken

Meine Kinder haben schon im Alter von zwei Jahren diese Zimtschnecken mit mir gebacken. Die Menge des Teigs in diesem Rezept würde für 40 Schnecken reichen, verwendet wird aber nur die Hälfte. Den restlichen Teig können Sie entweder ein paar Tage im Kühlschrank aufbewahren oder zur späteren Verwendung einfrieren. Er ist die Grundlage für zahlreiche süße Gebäckvarianten, etwa für die festliche Gubana oder die Aprikosen-Dreispitze (siehe Seite 14).

Zubereitung: 30 Min. +
  80 Min. Gehen des Teigs
Backen: 12–15 Min.
Ergibt 20 Stück

Für den Hefeteig
500 ml Milch
3 TL Trockenhefe
170 g Zucker
125 g Butter, zerlassen, abgekühlt
900 g Mehl (Type 550)
1 TL Salz

Für die Füllung
6 EL Butter, weich, aber nicht zerlassen
115 g Zucker
1 EL gemahlener Zimt

Für die Glasur (nach Belieben)
55 g Zucker

Zum Bestäuben
Puderzucker

Für den Teig die Milch in einem kleinen Topf nur leicht erwärmen (beim Fingertest sollte sie handwarm sein). Den Topf vom Herd nehmen, die Hefe einstreuen und leicht unterrühren, damit sie sich auflöst. Den Zucker einrühren und die Milch 3 Min. beiseitestellen. Anschließend die zerlassene Butter sorgfältig unterrühren.

In einer großen Rührschüssel Mehl und Salz vermischen und in die Mitte eine Vertiefung drücken. Die Milch hineingießen und so lange mit dem Mehl verrühren, bis sich die Zutaten verbunden haben. Den Teig auf einer leicht bemehlten Arbeitsfläche weich und geschmeidig kneten (dafür sind etwa 60–100 Knetbewegungen notwendig). Teig in eine große, leicht geölte Schüssel geben, mit einem sauberen Küchentuch abdecken und an einem warmen Ort etwa 1 Std. gehen lassen, bis sich sein Volumen fast verdoppelt hat.

Den aufgegangenen Teig halbieren; eine Hälfte für eine spätere Verwendung im Kühlschrank aufbewahren oder einfrieren. Die andere Teighälfte auf der leicht bemehlten Arbeitsfläche zu einem 60 x 30 cm großen Rechteck ausrollen. Für die Füllung die Teigoberfläche gleichmäßig mit der weichen Butter bestreichen. Zucker und Zimt vermischen und darüberstreuen. Die Teigplatte von einer Längsseite fest aufrollen, anschließend die Teigrolle in 20 etwa 4 cm breite Stücke schneiden.

Eine 28–30 cm große runde Backform mit Backpapier auslegen. Die Zimtschnecken im Abstand von 1–2 cm hineinsetzen. Die Form mit einem sauberen Küchentuch abdecken und die Schnecken an einem warmen, nicht zu heißen Ort (sonst schmilzt die Butter) 20 Minuten gehen lassen.

Inzwischen den Backofen auf 220 °C vorheizen. Zimtschnecken 12–15 Min. backen, bis sie goldbraun sind. In der Zwischenzeit für die Glasur Zucker mit 3 EL Wasser in einen kleinen Topf geben und unter Rühren erhitzen, bis sich der Zucker aufgelöst hat, anschließend in 5 Min. zu einem Sirup kochen. Die Zimtschnecken sofort nachdem Backen mit dem heißen Zuckersirup bepinseln oder mit Puderzucker bestäuben.

Wenn Sie einen Brotbackautomaten verwenden: Alle Zutaten für den Teig in die Backform geben und das Teig-Programm einstellen. Nach dem Gehen die Hälfte der Teigmenge wie oben beschrieben weiterverarbeiten.

Festliche Gubana

Mein Hefeteig für die Zimtschnecken (siehe Seite 13) ist Grundlage vieler weiterer süßer Gebäckvarianten wie etwa diese Gubana – ein schneckenförmiges süßes Brot, das in Teilen Norditaliens traditionell zu Ostern, Weihnachten oder auf Hochzeiten gegessen wird.

Zubereitung: 10 Min. + 45 Min. Gehen des Teigs
Backen: 30 Min.
Für 6–8 Personen

½ Rezept Hefeteig für Zimtschnecken (siehe S. 13)
330 g Mincemeat (süße englische Gebäckfüllung)
85 g Schokotropfen

Zum Bestäuben
Puderzucker

Eine 26–28 cm große runde Backform mit Backpapier auslegen.

Den Teig auf der leicht bemehlten Arbeitsfläche zu einem 1 cm dicken und 60 x 30 cm großen Rechteck ausrollen. Mincemeat gleichmäßig auf der Teigplatte verteilen, dabei rundherum einen 2 cm breiten äußeren Rand lassen. Die Schokotropfen über die Früchtemischung streuen. Den Teig von einer Längsseite fest aufrollen, die Teigrolle zu einer Schnecke formen und in die Backform legen.

Backform mit einem sauberen Küchentuch abdecken und die Gubana an einem warmen Ort 45 Min. gehen lassen, bis sich ihr Volumen fast verdoppelt hat. Inzwischen den Backofen auf 180 °C vorheizen. Gubana im vorgeheizten Backofen 30 Min. backen, bis sie goldbraun ist. Zum Servieren mit Puderzucker bestäuben.

Aprikosen-Dreispitze mit Vanillecreme

Ein Backblech mit Backpapier auslegen. Die Hälfte des Hefeteigs für Zimtschnecken (siehe Seite 13) 1 cm dick ausrollen und in 10–12 gleich große Dreiecke schneiden. Auf jedes Teigdreieck einen Löffel Vanillecreme (Fertigprodukt) geben (gebraucht werden insgesamt etwa 250 ml) und darauf 1 Aprikosenhälfte (gedünstet oder aus der Dose) mit der Schnittfläche nach unten setzen. 75 g Aprikosenmarmelade erwärmen, bis sie flüssig ist, und die Aprikosen damit bepinseln. Teigränder leicht über die Creme schlagen, damit beim Backen nichts auslaufen kann und die Aprikosen nicht herunterrutschen. Die Dreispitze auf das Backblech legen und 20 Minuten gehen lassen. Inzwischen den Backofen auf 220 °C vorheizen. Dreispitze im vorgeheizten Backofen in etwa 30 Min. goldbraun backen. Ergibt 10–12 Stück.

Süßer Frühstücksfladen mit Aprikosen

Mit etwas Zucker im Grundteig verwandelt sich das knusprige Fladenbrot (siehe Seite 18) in einen weichen, süßen Fladen, der wunderbar zum Frühstück schmeckt oder zu einer morgendlichen Tasse Tee. Statt getrockneter Aprikosen können Sie auch andere Früchte verwenden: Halbierte frische Trauben oder Feigen in Kombination mit Fenchelsamen oder halbierte frische Pflaumen mit einem Hauch Sternanis sind feine Alternativen.

Zubereitung: 20 Min. +
 10 Min. Gehen des Teigs
Backen: 25–30 Min.
Für 6–8 Personen

½ Rezept knuspriges Fladenbrot (siehe S. 18), das Mehl mit 115 g Zucker und nur 1 TL Salz vermischt
100 g brauner Zucker
12 getrocknete Aprikosen
1 TL Spekulatiusgewürz

Zum Bestäuben
Puderzucker

Befolgen Sie die Rezeptanleitung für das knusprige Fladenbrot bis zu dem Schritt, an dem der Teig auf dem mit Backpapier ausgelegten Backblech zu einem ovalen Fladen von etwa 25 x 20 cm Größe ausgerollt wird.

Einen Pizzastein (Schamottstein) auf der mittleren Schiene in den Backofen schieben und den Ofen auf 220 °C vorheizen. Den Teigfladen etwa 10 Min. gehen lassen, anschließend die Oberfläche mit etwas Wasser bepinseln und mit braunem Zucker bestreuen (das Wasser lässt den Zucker schmelzen). Die getrockneten Aprikosen so in den Teig drücken, dass kleine Vertiefungen entstehen. Mit Spekulatiusgewürz bestreuen.

Den Fladen mit dem Backpapier auf den heißen Pizzastein ziehen und 15 Min. backen. Anschließend die Backofentemperatur auf 180 °C reduzieren und 10–15 Min. weiterbacken, bis der Fladen goldgelb ist.

Den Frühstücksfladen aus dem Backofen nehmen, einige Minuten ruhen lassen, dann mit Puderzucker bestäuben. Frühstücksfladen mit einem scharfen Messer in Stücke schneiden und servieren. Schmeckt am besten am selben Tag.

Knuspriges Fladenbrot

Ein wunderbarer geschmeidiger Focaccia-Teig für zwei große Fladenbrote. Restlichen Teig können Sie einfrieren oder Parmesan-Basilikum-Krapfen (siehe Seite 20), Käse-Schinken-Rauten (siehe Seite 25) oder vegetarische Calzone (siehe Seite 26) damit zubereiten. In der Regel verwende ich übrig gebliebenes Kartoffelpüree vom Vortag, wenn Sie es frisch zubereiten müssen, lassen Sie es vor der Weiterverarbeitung abkühlen. Je feuchter der Teig ist, umso lockerer wird das Brot. Widerstehen Sie der Versuchung, mehr Mehl zu verwenden als angegeben!

Zubereitung: 20 Min. +
3–4 Std. Gehen des Teigs
oder 12 Std. im Kühlschrank
Backen: 25 Min.
Ergibt 2 große Fladenbrote

Für den Kartoffel-Hefe-Teig

1½ TL Trockenhefe
1 Tasse (etwa 200 g) Kartoffelpüree
60 ml Olivenöl
675 g Mehl (Type 550)
2 TL Salz

Für den Belag

1–2 EL Olivenöl
2 TL Rosmarinnadeln
½ TL Meersalz

Für den Teig 375 ml warmes (nicht heißes) Wasser in eine große Rührschüssel gießen (ein Brotbackautomat oder ein Mixer mit Knethaken sind für die Zubereitung des Teigs ideal). Die Hefe darüberstreuen und 2 Min. ruhen lassen. Mit dem Kartoffelpüree und Olivenöl vermengen, dann Mehl und Salz untermischen und so lange rühren, bis ein zusammenhängender Teig entsteht, der sich von der Schüsselwand löst.

Den Teig auf eine leicht bemehlte Arbeitsfläche geben und mit leicht eingeölten Händen etwa 30-mal kneten (oder im Brotbackautomaten 3–4 Min. mit dem Teig-Programm kneten). Teig in eine leicht geölte Schüssel setzen, mit einem sauberen Musselin- oder Küchentuch abdecken und an einem warmen Ort 3–4 Std. gehen lassen, bis sich sein Volumen nahezu verdoppelt hat. Oder den Teig zugedeckt über Nacht im Kühlschrank gehen lassen.

Zum Backen einen Pizzastein (Schamottstein) auf der mittleren Schiene in den Backofen schieben und den Ofen auf 220 °C vorheizen. Den aufgegangenen Teig auf eine leicht bemehlte Arbeitsfläche geben, halbieren und jede Hälfte zu einer Kugel formen. Eine Teigkugel auf einem mit Backpapier ausgelegten Backblech etwas flach drücken, anschließend zu einem etwa 25 x 20 cm großen ovalen Fladen formen. Mit den Fingerspitzen kleine Vertiefungen in die Teigoberfläche drücken, mit Olivenöl beträufeln und mit Rosmarin und Meersalz bestreuen.

Den Teigfladen mit dem Backpapier vom Backblech auf den heißen Pizzastein ziehen und etwa 25 Min. backen, bis er goldbraun ist. Wenn Sie auf die Unterseite des Brotes klopfen und es hohl klingt, ist das Brot fertig. Fladenbrot mitsamt dem Pizzastein aus dem Backofen nehmen, ein paar Minuten auf dem Stein abkühlen lassen, dann auf einem Kuchengitter auskühlen lassen.

Die andere Teigkugel genauso verarbeiten oder für eine spätere Verwendung in eine leicht geölte Schüssel setzen, mit einem sauberen Küchentuch abdecken und bis zu 48 Std. im Kühlschrank lagern. Der Teig lässt sich aber auch gut einfrieren. Vor der Weiterverarbeitung auftauen lassen.

Parmesan-Basilikum-Krapfen

Die Mutter meiner Freundin Paula, Marili Mustilli, ist eine wundervolle Köchin. In der familieneigenen Trattoria in Italien sind diese Krapfen, die wie kleine Kopfkissen aussehen, Teil von Marilis beeindruckender Antipasti-Auswahl. Sie entstammen einer reichen apulischen Küchentradition, die innerhalb der Familie von Generation zu Generation weitergegeben wird. Die Krapfen lassen sich besonders gut mit dem Teig für das knusprige Fladenbrot zubereiten (siehe Seite 18).

Zubereitung: 10–15 Min.
Frittieren: 20–25 Min.
Ergibt 24–30 Stück

½ Rezept knuspriges Fladenbrot (siehe S. 18)

Zum Frittieren
Reiskeimöl
(ersatzweise Rapsöl)

Zum Servieren
250 ml selbst gemachte passierte Tomatensauce (siehe S. 64) oder ein Fertigprodukt
50 g geriebener Parmesan oder Mozzarella
24–30 kleine Basilikumblätter

Den Teig nach Anleitung zubereiten, bis er aufgegangen ist und sein Volumen verdoppelt hat.

Die Arbeitsfläche mit etwas Mehl bestreuen, den Teig darauf zu einer langen, gleichmäßig dicken Rolle ausrollen und in 24–30 gleich große Stücke schneiden. Jedes Teigstück zu einer Kugel formen und mit dem leicht bemehlten Handballen etwas flach drücken. Die Teigrohlinge ein paar Minuten ruhen lassen, anschließend jeweils etwa 1 cm dicke Kreise ausrollen und in die Mitte mit dem Daumen eine kleine Vertiefung drücken.

Zum Frittieren das Öl 2 cm hoch in einen mittelgroßen Topf gießen und auf mittlerer Stufe erhitzen. Die richtige Temperatur zum Frittieren ist erreicht, wenn ein kleines Stück Teig im heißen Öl sofort heftig zu brutzeln beginnt. Portionsweise je 3–4 Teigkreise im heißen Öl frittieren, bis ihre Unterseite goldgelb ist, anschließend wenden und die andere Seite ausbacken. Mit einem Schaumlöffel herausheben und auf Küchenpapier entfetten. Die Krapfen zum Servieren mit passierter Tomatensauce bestreichen, Käse darüberstreuen und mit einem Basilikumblatt garnieren.

Die mit Tomatensauce und Käse belegten Krapfen können Sie unter dem Grill noch einmal aufwärmen, bevor Sie sie mit dem Basilikumblatt garnieren. Wenn Sie die Krapfen im Voraus zubereiten wollen, vor dem Servieren im heißen Backofen ein paar Minuten aufwärmen und erst dann mit Sauce, Käse und Basilikum belegen.

Holz zu sammeln, ein Feuer zu machen und Brot oder Brötchen zu backen – einfache Rituale, die Begeisterung auslösen.

Knuspriges Fladenbrot mit Oliven, Tomaten und Kapern

Diese Version des knusprigen Fladenbrots (siehe Seite 18) ist perfekt für ein Picknick. Ein Stück Käse dazu, und Sie haben eine einfache, aber fantastische Mahlzeit.

Zubereitung: 15 Min. +
  30 Min. Gehen des Teigs
Backen: 20 Min.
Ergibt 1 großes Fladenbrot

½ Rezept knuspriges Fladenbrot (siehe S. 18)
60 g entsteinte schwarze Oliven
2 große Tomaten
1 EL Kapern
2 EL Olivenöl
1 EL gehackte Oreganoblättchen
1 TL gehackte Rosmarinnadeln

Bereiten Sie den Teig für das knusprige Fladenbrot bis zu dem Schritt zu, an dem die Teigkugel auf ein mit Backpapier ausgelegtes Backblech gegeben wird. Die Teigkugel auf dem Blech zu einem flachen, länglichen Oval ausrollen und an einem warmen Ort 30 Min. gehen lassen.

Zum Backen einen Pizzastein (Schamottstein) auf der mittleren Schiene in den Backofen schieben und den Ofen auf 220 °C vorheizen.

Inzwischen Oliven klein schneiden, Tomaten entkernen und klein würfeln. Mit den restlichen Zutaten in einer Schüssel vermengen und den aufgegangenen Teigfladen damit bestreuen. Fladen mit dem Backpapier vom Backblech auf den heißen Pizzastein ziehen und etwa 20 Min. backen, bis das Brot goldgelb ist und hohl klingt, wenn man auf seine Unterseite klopft. Fladenbrot mitsamt dem Pizzastein aus dem Backofen nehmen, einige Minuten auf dem Stein abkühlen lassen, dann auf einem Kuchengitter auskühlen lassen.

Käse-Schinken-Rauten

Tiefgekühlte Käse-Schinken-Rauten in einer Lunchbox über Nacht auftauen lassen – ein wunderbarer Vormittagssnack!

Zubereitung: 10 Min.
Backen: 15–20 Min.
Für 8 Personen

½ Rezept knuspriges Fladenbrot (siehe S. 18)
4 Scheiben gekochter Schinken, halbiert, und/oder 8 Scheiben Salami oder 8 Scheiben Tomate
150 g geriebener Mozzarella
Salz und frisch gemahlener schwarzer Pfeffer

Zum Bestreuen
getrockneter Oregano

Den Teig für knuspriges Fladenbrot nach Anleitung bis zu dem Schritt zubereiten, an dem er sein Volumen verdoppelt hat. Den Backofen auf 220 °C vorheizen. Den Teig in 8 gleich große Stücke schneiden und jedes Teigstück auf der leicht bemehlten Arbeitsfläche zu einem etwa 12 x 12 cm großen Quadrat ausrollen. Die Quadrate auf ein mit Backpapier ausgelegtes Backblech legen.

Teigquadrate jeweils mit Schinken, Salami oder Tomaten belegen, Mozzarella darüberstreuen und nach Geschmack salzen und pfeffern. Je zwei sich gegenüberliegende Teigecken zur Mitte hin klappen, sodass sie sich leicht überlappen, und etwas zusammendrücken. Die Rauten mit Oregano bestreuen.

Käse-Schinken-Rauten 15–20 Min. backen, bis sie goldgelb und knusprig sind. Heiß oder bei Raumtemperatur servieren.

Vegetarische Calzone

Eine Calzone erinnert mich immer an einen »tragbaren« Auflauf, und in diesem Fall wird der Teig über schmackhafte Gemüsesorten geklappt und dann gebacken. Der Teig für das knusprige Fladenbrot (siehe Seite 18) zeigt sich hier einmal mehr von seiner köstlichsten Seite.

Zubereitung: 15 Min.
Garen und Backen: 65 Min.
Ergibt 1 große Calzone
Für 4 Personen

½ Rezept knuspriges Fladenbrot (siehe S. 18)

2 EL Olivenöl

2 rote oder gelbe Paprikaschoten, Trennwände und Samen entfernt, das Fruchtfleisch in schmale Streifen geschnitten

2 Knoblauchzehen, fein gewürfelt

1 EL Kapern

1 TL gehackte Rosmarinnadeln oder ½ TL getrockneter Rosmarin

400 g eingelegte Artischocken (Dose oder Glas), abgetropft, grob zerkleinert

Salz und frisch gemahlener schwarzer Pfeffer

100 g Mozzarella, in feine Scheiben geschnitten

20 Basilikumblätter, in feine Streifen geschnitten

Den Teig für knuspriges Fladenbrot nach Anleitung bis zu dem Schritt zubereiten, an dem er zu doppelter Größe aufgegangen ist. Während der Teig geht, die Füllung zubereiten. Dafür Öl in einer Pfanne erhitzen und Paprika, Knoblauch, Kapern und Rosmarin darin zugedeckt bei mäßiger Hitze 15 Min. garen. Artischocken untermischen, das Gemüse mit Salz und Pfeffer abschmecken und abkühlen lassen.

Den Backofen auf 200 °C vorheizen. Den aufgegangenen Teig auf ein eingeöltes Backblech geben und zu einem Kreis von etwa 30 cm Durchmesser ausziehen. Die Gemüsemischung darauf verteilen, dabei rundherum einen etwa 6 cm breiten äußeren Rand aussparen, und das Gemüse mit Mozzarella belegen. Teigränder rundherum so über die Füllung klappen, dass in der Mitte ein Teil der Füllung nicht abgedeckt wird.

Calzone 10 Min. im Backofen backen, dann die Temperatur auf 180 °C reduzieren und 40 Min. weiterbacken. Calzone aus dem Ofen nehmen, mit Basilikum bestreuen und warm oder bei Raumtemperatur servieren.

Busy-People-Brot

Wenn Sie zu den Menschen gehören, die Brotbacken für eine zeitintensive Beschäftigung halten, dann sollten Sie diesem superschnellen Brotrezept mal eine Chance geben. Der einfache Hefeteig muss nicht erst lange gehen, sondern holt dies beim Backen nach, das anfangs bei Niedrigtemperatur erfolgt.

Zubereitung: 10 Min.
Backen: 50–60 Min.
Ergibt 2 Laib Brot

- 4 TL Honig
- 7 TL Trockenhefe
- 415 g Mehl (Type 550)
- 415 g Vollkornmehl
- 3 TL Salz
- 250 g Sonnenblumenkerne
- 4 EL Kürbiskerne

Den Backofen auf 80 °C vorheizen. Zwei 25 x 10 cm große Kastenformen einfetten und mit Backpapier auskleiden.

In einer großen Schüssel den Honig in 500 ml kochend heißem Wasser auflösen. 500 ml kaltes Wasser dazugießen und die Hefe einstreuen. Die Schüssel für 10 Min. beiseitestellen.

Die Hefe-Mischung mit dem Schneebesen aufschlagen, anschließend beide Mehlsorten, Salz und Sonnenblumenkerne dazugeben und die Zutaten mit einem großen Löffel vermischen, bis sie sich zu einem gleichmäßigen, sehr lockeren, nassen Teig verbunden haben.

Die Teigmischung jeweils zur Hälfte in die vorbereiteten Kastenformen gießen, gleichmäßig verstreichen und die Oberfläche glätten. Je 2 EL Kürbiskerne darüberstreuen, anschließend mit einem scharfen Messer die Teigoberfläche jeweils drei- bis viermal einschneiden, damit die Brote beim Backen gleichmäßig aufgehen ohne zu reißen.

Brote bei 80 °C 20 Min. backen, dann die Ofentemperatur auf 210 °C erhöhen und 30–40 Min. weiterbacken. Die Brote sind gar, wenn sie beim Klopfen auf der Unterseite hohl klingen. Die noch heißen Brote aus der Form nehmen und abkühlen lassen. Sie halten sich mehrere Tage frisch und schmecken auch getoastet sehr gut.

Belegte Brote

4 Scheiben Busy-People-Brot (siehe oben) großzügig mit je 1 EL Meerrettichcreme (siehe Seite 181) bestreichen. Die Brote mit etwas Wildkresse oder Rucola, 2 Scheiben kaltgeräuchertem Lachs und hauchdünnen roten Zwiebelstreifen belegen und mit Schnittlauchröllchen oder Petersilie garnieren.

Lavash mit Sesam und Oregano

Das dünne Knusperbrot aus dem Nahen Osten ist ein köstlicher Picknick-Snack, eignet sich aber auch wunderbar als kleine Knabberei vor dem Abendessen zusammen mit etwas Blauschimmelkäse und Trockenfrüchten. In diesem Rezept wird der Lavash-Teig mit Sesam und Oregano gewürzt, genauso gut schmecken die Kräcker aber auch mit Fenchelsamen, Parmesan oder Chilischoten. Der Anteil Vollkornmehl bewirkt ihre besondere Konsistenz und macht sie zudem zu gesunden kleinen Happen. Egal, für welche Form des Brots Sie sich entscheiden, solange der Teig sehr dünn ist, erhalten Sie eine herrlich knusprige Knabberei.

Zubereitung: 15 Min.
Backen: 15–18 Min.
Ergibt etwa 32 Stück

150 g Mehl
50 g Vollkornmehl
je 2 EL schwarze und weiße Sesamsamen oder 4 EL einer Sorte
1 EL fein gehackte Oreganoblättchen oder 1 TL getrockneter Oregano
1 TL Salz
60 ml Olivenöl
1 TL Sesamöl

Zum Fertigstellen
Olivenöl
Meersalzflocken

Den Backofen auf 165 °C vorheizen. Ein Backblech mit Backpapier auslegen. In einer Rührschüssel beide Mehlsorten mit den Sesamsamen, Oregano und Salz vermischen. Oliven- und Sesamöl mit 125 ml Wasser verquirlen, zu den trockenen Zutaten in die Schüssel gießen und alles unter Rühren zu einem weichen, elastischen Teig verarbeiten.

Teig vierteln und jedes Viertel auf der leicht bemehlten Arbeitsfläche so dünn wie möglich zu Rechtecken von etwa 34 x 16 cm Größe ausrollen. Teigplatten jeweils quer halbieren, jede Hälfte in vier etwa 4 x 17 cm lange Streifen schneiden und die Streifen nochmals ausrollen, sodass man fast durch sie hindurchsehen kann.

Teigstreifen vorsichtig auf das Backblech legen, mit etwas Öl bestreichen und mit Meersalzflocken bestreuen. Im Backofen etwa 15–18 Min. backen, bis sie hell goldgelb und knusprig sind. Lavash auskühlen lassen und in einem luftdichten Behälter aufbewahren.

Lammwürste in Blätterteig mit Rosmarin und Apfel

Dem geriebenen Apfel verdanken diese selbst gemachten Würste ihre Saftigkeit und Lockerheit. Die Grundmischung aus Hackfleisch, Apfel, Ei und Zwiebel lässt sich geschmacklich natürlich auch abwandeln – griechische Noten erreichen Sie mit Oliven, Knoblauch, Rosmarin und Schafskäse, italienische durch Basilikum, sonnengetrocknete Tomaten und Knoblauch. Sollten Sie kein qualitativ hochwertiges frisches Wurstbrät finden, können Sie aus Ihren Lieblingswürsten einfach das Wurstbrät herauslösen.

Zubereitung: 10 Min.
Backen: 30–35 Min.
Ergibt 6 große Rollen oder 12–18 kleine

400 g mageres Hackfleisch vom Lamm
250 g grobes Wurstbrät (vom Schwein oder Rind)
1 Apfel, ungeschält, grob gerieben
2 Eier (davon 1 Ei getrennt)
1 kleine Zwiebel, geschält, grob gerieben
1 Knoblauchzehe, zerdrückt
2 EL gehackte Petersilie
½ TL gehackte Rosmarinnadeln
3 Salbeiblätter, fein gehackt
1 TL Früchte-Chutney oder Tomatensauce (Fertigprodukt)
1 TL Salz
frisch gemahlener schwarzer Pfeffer
1 Prise Chiliflocken
2 Blätterteigplatten

Den Backofen auf 200 °C vorheizen. Ein Backblech mit Backpapier auslegen.

In einer großen Schüssel Hackfleisch, Wurstbrät, Apfel, Ei und Eiweiß, Zwiebel, Knoblauch, Kräuter, Chutney oder Tomatensauce, Salz, etwas Pfeffer und die Chiliflocken mit einem großen Löffel gleichmäßig vermengen.

Blätterteigplatten auf einer Arbeitsfläche nebeneinander auslegen und die Hälfte der Fleischfarce auf je eine Teigplatte geben. Die Farce jeweils der Länge nach und in einem Abstand von 6 cm zum Teigrand darauf verteilen.

Blätterteigplatten von den Längsseiten aufrollen, sodass die Füllung vollständig eingeschlossen ist. Jede Rolle in drei Stücke schneiden (oder in bis zu sechs, wenn Sie kleinere Würste bevorzugen) und mit der Nahtseite nach unten auf das Backblech legen.

Mit einem scharfen Messer die Oberseite der Wurstrollen zwei- bis dreimal leicht einschneiden, damit beim Backen der Dampf austreten kann. Eigelb mit 1 EL Wasser verquirlen und die Rollen damit bestreichen.

Würste im Blätterteig in 30–35 Min. goldbraun backen. In den letzten 10 Min. den Gargrad prüfen, dabei gegebenenfalls ausgetretene Flüssigkeit mit Küchenpapier aufnehmen, damit der Blätterteig knusprig bleibt und nicht aufweicht.

Quesadillas

Quesadillas sind aus Weizen- oder Maistortillas zubereitete geröstete Sandwiches. Sie sind die mexikanische Entsprechung zur italienischen Pizza und wie diese ungemein vielseitig. Gefüllt mit beispielsweise Olivenpaste oder Pesto, einer würziger Wurst oder Parmaschinken zusammen mit gutem Käse geben sie nicht nur einen großartigen Snack ab, sondern eignen sich auch als komplette Abendmahlzeit oder als Begleiter zu Suppen und Salaten.

Zubereitung: 5 Min.
Garen: 2–5 Min. in der Pfanne oder 8–10 Min. im Backofen
Für 4 Personen

2 Weizentortillas
Käsescheiben, zum Belegen
Tomatenscheiben, zum Belegen
5–6 Basilikumblätter oder
1 TL Basilikumpesto
Salz und Pfeffer

Wenn Sie eine Bratpfanne zur Zubereitung der Quesadillas verwenden, die Pfanne (ohne Fett) heiß werden lassen. 1 Tortilla in die heiße Pfanne legen, mit Käse, Tomaten und Basilikum belegen, nach Geschmack salzen und pfeffern und mit der zweiten Tortilla abdecken. Sobald die Unterseite zu bräunen beginnt, die Quesadilla vorsichtig wenden und die andere Seite bräunen. Oder Sie belegen eine Tortilla nur zur Hälfte und klappen die unbelegte Seite über die Füllung.

Die Zubereitung im Backofen bietet sich an, wenn Sie viele Quesadillas auf einmal machen wollen. Dafür den Backofen auf 200 °C vorheizen. Eine Tortilla wie oben beschrieben belegen und mit einer zweiten Tortilla abdecken. Die Quesadillas nebeneinander auf ein Backblech legen, mit einem zweiten Backblech beschweren und im vorgeheizten Ofen in 8–10 Min. goldbraun backen. In Spalten geschnitten servieren.

Bruschetta mit Pilzen

Für diese fantastischen kleinen Appetithappen müssen Sie einfach nur dünne Pilzscheiben und Aioli mit geröstetem Knoblauch (siehe Seite 56) vermengen, die Pilzmischung auf Brotscheiben verteilen und alles im Backofen knusprig backen.

Zubereitung: 5 Min.
Backen: 20–30 Min.
Ergibt 6 große oder 18 kleine Scheiben

200 g frische Pilze, in feine Scheiben geschnitten
3–4 EL Aioli mit geröstetem Knoblauch (siehe S. 56) oder hochwertige Mayonnaise
Salz und frisch gemahlener schwarzer Pfeffer
6 große Scheiben Sauerteigbrot oder 18 Scheiben Baguette

Den Backofen auf 180 °C vorheizen. Pilzscheiben mit so viel Aioli oder Mayonnaise vermischen, dass sie auf beiden Seiten davon bedeckt sind. Salzen und pfeffern. Pilzmischung auf die Brotscheiben verteilen und die Bruschette 20–30 Min. im Backofen backen, bis das Brot knusprig ist und die Pilze goldgelb sind. Heiß servieren.

Nahrungsmittel aus der freien Natur sind wunderbare Geschenke an uns.

Tarte mit karamellisierten Zwiebeln und Schafskäse

Blätterteig selbst zu machen, ist gar nicht so schwer, wie viele glauben. Jedenfalls nicht mit diesem super einfachen Rezept, mit dem Sie einen buttrigen Blätterteig erhalten, der auf der Zunge zergeht – nicht zu vergleichen mit Fertigprodukten aus dem Supermarkt. Der Trick besteht darin, den Teig nicht zu lange zu bearbeiten, da er sonst hart wird. Er lässt sich gut einfrieren, und auch die Zubereitung in der Küchenmaschine ist kein Problem. Wen das trotzdem nicht überzeugt, kann die Tarte auch mit 500 g fertigem Blätterteig zubereiten.

Zubereitung: 20 Min. +
  10 Min. Kühlen
Backen: 50–55 Min.
Für 8 Personen

Für den Blätterteig
300 g Mehl (Type 550)
1 TL Salz
1 TL Backpulver
220 g Butter, gefroren, gerieben

Für die Füllung
1 Rezept karamellisierte Zwiebeln (siehe S. 86)
150 g Schafskäse, zerbröckelt
2 TL Thymianblätter oder
1 TL getrockneter Thymian

Für den Teig Mehl, Salz und Backpulver in einer Schüssel vermischen. Die Butterstückchen dazugeben und mit den Fingerspitzen ins Mehl reiben, bis sich die Mischung wie grobe Streusel zusammenballt. 60 ml eiskaltes Wasser untermengen, bis ein weicher Teig entsteht.

Ein großes Stück Backpapier auf der Arbeitsfläche ausbreiten, den Teig daraufsetzen und mit den Händen zusammendrücken. Ein zweites Stück Backpapier über den Teig legen und den Teig zu einem Kreis von etwa 35 cm Durchmesser ausrollen.

Teigkreis zwischen den Backpapierlagen auf ein Backblech heben und mind. 10 Min. kalt stellen. Ist der Teig kalt genug, zieht er sich während des Backens nicht zusammen.

Den Backofen auf 200 °C vorheizen. Teig aus dem Kühlschrank nehmen und die obere Lage Backpapier abziehen. Karamellisierte Zwiebeln gleichmäßig auf dem Teigkreis verteilen, dabei einen 4 cm breiten äußeren Rand aussparen. Schafskäse über die Zwiebeln bröckeln und die Zutaten mit Thymian bestreuen.

Den ausgesparten Teig rundherum über die Füllung klappen, anschließend an mehreren Stellen in kleine Falten legen, damit ein etwas dickerer Teigrand entsteht. Die Tarte 15 Min. im Backofen backen, dann die Temperatur auf 180 °C reduzieren und 35–40 Min. weiterbacken, bis sie goldgelb und knusprig ist. Die Tarte heiß servieren und dazu einen grünen Salat reichen.

Bacon and Egg Pie

Ob Sie es glauben oder nicht, aber als mein Mann diese Pie verspeist hatte, machte er mir einen Heiratsantrag. Sie ist tatsächlich unwiderstehlich gut und eignet sich perfekt für ein Picknick oder Mittagessen am Wochenende.

Zubereitung: 10 Min.
Backen: 45–55 Min.
Für 6–8 Personen

3 Platten (450 g) salziger Mürbeteig (aus dem Kühlregal)
250 g durchwachsener Speck, in 2 cm große Stücke geschnitten
2 mittelgroße Kartoffeln, geschält, gegart, in dünne Scheiben geschnitten
3 EL weiche Kräuter wie Petersilie, Basilikum, Schnittlauch oder die hellen Abschnitte von Frühlingszwiebeln, gehackt
14 Eier
180 ml Milch
1 TL Salz
frisch gemahlener schwarzer Pfeffer

Ein flaches Backblech in den Backofen schieben und den Ofen auf 200 °C vorheizen. Die Pie kommt später aufs heiße Blech, was sie herrlich knusprig macht.

Ein Stück Backpapier so zuschneiden, dass es den Boden einer 40 x 30 cm großen Back- oder Auflaufform bedeckt und einen 3 bis 4 cm hohen Rand formt. Das Backpapier wieder aus der Form nehmen und flach auf der Arbeitsfläche ausbreiten. Mit etwas Mehl bestäuben und 2 Teigplatten leicht überlappend auf das Papier legen. Die beiden Platten an der Naht gut zusammendrücken und so miteinander verbinden. Anschließend den Teig gleichmäßig auf die gesamte Größe des Backpapiers ausrollen. Backpapier mit dem Teig anheben und in die Form legen (der Teigrand an den Seiten sollte 3–4 cm hoch sein).

Teig mit Speck bestreuen, mit den Kartoffelscheiben belegen und die Kräuter darüberstreuen. 8 Eier einzeln aufschlagen und auf der Pie verteilen.

In einer Schüssel die restlichen 6 Eier mit Milch, Salz und Pfeffer leicht verquirlen. Die Eimasse gleichmäßig über die ganzen Eier gießen.

Die übrige Mürbeteigplatte sehr dünn ausrollen und in schmale Streifen schneiden. Die Streifen gitterförmig auf der Pie-Oberfläche anordnen, überstehende Teigreste abschneiden. Die Teigränder rundherum nach innen über Füllung und Gitter klappen.

Die Pie in der Form auf das heiße Backblech stellen und 12–15 Min. backen, bis der Teig beginnt aufzugehen und goldgelb zu werden. Die Ofentemperatur auf 180 °C reduzieren und etwa 35–40 Min. weiterbacken, bis die Pie eine schöne goldbraune Farbe angenommen hat und durch und durch gar ist.

Warm oder raumtemperiert servieren, dazu einen Salat, Pickles oder Chutney reichen. Hält sich abgedeckt im Kühlschrank 2–3 Tage.

Möglicherweise ist Selbstvertrauen der Schlüssel für die Freude am Kochen. Wenn Sie entspannt sind, werden es alle anderen auch sein.

Aus dem Garten

*Je frischer die Zutaten sind,
umso einfacher ist es,
gut zu kochen.*

Je frischer Ihre Zutaten sind, umso weniger Arbeit haben Sie in der Küche. Mischen Sie Tomatenscheiben mit Öl und Kräutern, kochen Sie Mais und schwenken Sie ihn in Butter oder rösten Sie Kartoffeln zusammen mit Rosmarin, Salz und Öl goldbraun und knusprig. Mit der Natur an ihrer Seite ist es leicht, ein guter Koch zu sein.

Nur wer einmal saftige, sonnengereifte Rispentomaten oder eine frisch aus der Erde gezogene süße Möhre gekostet hat, weiß, was er bisher versäumt hat. Dass Bauernmärkte und der eigene Gemüsegarten sich so großer Beliebtheit erfreuen, lässt sich mit einem Wort erklären: Geschmack. Bei lokalen Erzeugern oder im eigenen Garten findet man oft noch ältere, weniger bekannte Sorten, die angebaut werden, weil sie gut schmecken und nicht, weil sie langlebig sind, um für die Lieferketten der Supermärkte zu taugen. Im speziellen Licht eines Supermarkts sieht beinahe alles gut aus – was für den Geschmack aber zunächst gar nichts bedeutet.

Bauernmärkte geben nicht nur kleinen Höfen und Erzeugerbetrieben die Möglichkeit, lokal angebaute, gefangene, gezüchtete, gebackene oder eingemachte Produkte zu verkaufen. Sie stellen auch Gemeinschaft her – etwas, was in unserem hektischen Leben, in dem große Lebensmittelketten die alten Einzelhändler verdrängen, immer seltener wird.

Auf dem Markt wird man jede Woche von denselben freundlichen Gesichtern begrüßt. Man lässt sich gern verführen, etwas Neues zu probieren, süße Zuckererbsen etwa, oder die kleinen grünen, in Öl gebratenen Shisito-Schoten, die es auf dem New Yorker Union Square Market gibt. Sie allein lohnen schon den Besuch dieses besonderen Markts im Spätsommer und Herbst. Der Geschmack anderer Kulturen erweitert unseren kulinarischen Horizont und bringt neue Aromen in unsere Küche.

Wenn ich durch meinen Garten gehe, bekomme ich immer eine Idee für unser Abendessen. Neulich holte ich zwei dicke Fenchelknollen und etwas Mangold heraus. Ich schnitt den Fenchel und ein paar rote Zwiebeln in Scheiben und briet sie in etwas Öl mit ein paar Speckwürfeln, frischem Thymian und einigen Lorbeerblättern. Das Ganze kam mit etwas Brühe in eine Backform, obenauf ein paar angebräunte Stücke Hühnerfleisch – und ab ging's in den Ofen für 40 Minuten. Der Mangold wurde mit etwas Wasser und einem Schuss Olivenöl gegart. Dazu gab es weiche Polenta. Eine einfache Mahlzeit, die allen ausgezeichnet schmeckte.

Mit der Grundidee, Hühnerfleisch auf einem Gemüsebett zu garen, könnte man statt Fenchel auch Lauch nehmen oder eine Mischung aus Zucchini, Zwiebeln, Paprikaschoten und Tomaten oder Kartoffelscheiben, Knoblauch, Oliven und Rosmarin. Jedesmal verändert sich das Gericht ein wenig, bleibt aber immer köstlich. Darum geht es beim Kochen zu Hause: Der Einfallsreichtum beruht auf der Frische der Zutaten, die die Saison vorgibt. Denn auch unser Appetit folgt ja in den meisten Fällen dem Angebot der Jahreszeit.

Im Winter trotzen wir der Kälte mit herzhaften Eintöpfen, Suppen und riesigen Schüsseln Kartoffelpüree – alles Gerichte, die uns Wurzel- und Wintergemüse liefern. Wenn der Frühling kommt, freuen wir uns auf den frischen, grünen Geschmack der Sprossen und Blätter, die als Erstes aus der Erde sprießen. Der heiße Sommer bringt viel Rohkost, die wir schnell zusammenmischen, denn ansonsten erfreuen wir uns einer Auszeit von der Küche. Wenn dann die klaren Tage des Herbsts kommen, bringt die reiche Ernte langsam geröstetes Gemüse, üppige Saucen und herrliche Gemüseeintöpfe auf unsere Teller – ideal, um den Appetit nach der Sommerhitze wieder aufleben zu lassen.

Rucolasalat mit Roter Bete aus dem Ofen

Geröstete Rote Beten, cremiger Schafskäse und Mandeln sind ein wunderbares Dreigespann in diesem einfachen Salat.

Zubereitung: 10 Min.
Garen: 45 Min.
Für 6 Personen

4–5 mittelgroße Rote Beten (400–500 g), geschält, in 2 cm große Spalten geschnitten
4 EL Olivenöl
1 EL brauner Zucker
1 EL Aceto balsamico
Salz und frisch gemahlener schwarzer Pfeffer
200 g Rucola
1 Handvoll (etwa 25 g) kleine zarte Rote-Bete-Blätter (nach Belieben)
Saft von 1 Zitrone
150 g geröstete Mandelkerne
120 g Schafskäse, zerbröckelt

Den Backofen auf 180 °C vorheizen. Den Boden einer großen Bratform mit Backpapier belegen. Die Rote-Bete-Spalten hineingeben, mit 2 EL Olivenöl, braunem Zucker und Aceto balsamico vermischen, salzen und pfeffern. Das Gemüse in einer Lage in der Form verteilen.

Rote Beten 40–45 Min. im Backofen garen, bis sie weich sind und gerade beginnen, etwas einzuschrumpfen. Herausnehmen und in der Bratform vollständig abkühlen lassen.

Rucola und nach Belieben die Rote-Bete-Blätter mit Zitronensaft und den restlichen 2 EL Olivenöl anmachen. Den Salat auf sechs Teller verteilen, jeweils Rote-Bete-Spalten darauf anrichten und mit Mandeln und Schafskäse bestreut servieren.

FÜR DEN VORRAT

Zu lernen, wie etwas frisch Gepflücktes schmeckt, weckt die Fantasie für Geschmacksnoten, die dazu passen könnten. Und damit öffnet sich auch die Tür zu Ihrem eigenen Kochstil.

Blattsalat mit Walnüssen und Blauschimmelkäse

Dieser Salat eignet sich wunderbar als Beilagensalat zum Abendessen, gibt aber auch ein gesundes leichtes Mittagessen ab. Machen Sie ihn erst unmittelbar vor dem Servieren mit der Vinaigrette an, sonst verliert er seine Knackigkeit.

Zubereitung: 15 Min.
Garen: 10 Min.
Für 5–6 Personen

50 g Walnusskerne

6 Handvoll (150 g) gemischter Blattsalat, gewaschen, trockengeschleudert

60–80 g Blauschimmelkäse, zerbröckelt

60 ml Dijon-Vinaigrette (siehe unten)

Den Backofen auf 180 °C vorheizen. Walnüsse in eine ofenfeste Form füllen und 10 Min. im Backofen rösten, aber nicht schwarz werden lassen. Etwas abkühlen lassen. Blattsalate in eine große Servierschüssel geben, geröstete Walnüsse und Käse darüberstreuen. Erst vor dem Servieren den Salat mit der Dijon-Vinaigrette anmachen.

Blattsalat mit Orange und Avocado

Den Salat wie oben beschrieben zubereiten, aber anstelle der Walnüsse und des Käses 3 filetierte Orangen und 1 Avocado, das Fruchtfleisch in Scheiben geschnitten, verwenden.

Blattsalat mit Schafskäse und Cocktailtomaten

Den Salat wie oben beschrieben zubereiten, aber anstelle der Walnüsse und des Blauschimmelkäses 12 Cocktailtomaten und 150 g zerbröckelten Schafskäse verwenden.

Dijon-Vinaigrette

Fast jeder hat sein eigenes Lieblingsdressing für den täglichen Gebrauch. Dies hier ist meins.
In ein Schraubglas 160 ml Olivenöl, 3 TL frisch gepressten Zitronensaft, 1 EL Weinessig, 1 TL Dijon-Senf, 1 TL Zucker, ½ TL Salz, frisch gemahlenen Pfeffer und 1 zerdrückte Knoblauchzehe geben, das Glas verschließen und kräftig schütteln, bis die Zutaten sich zu einer Emulsion verbunden haben. Die Vinaigrette abschmecken und bei Bedarf Ihrem eigenen Geschmack anpassen: Wenn z. B. der Essig zu sehr hervorschmeckt, noch etwas Öl untermischen, schmeckt die Vinaigrette zu sauer, ein wenig Zucker dazugeben – alle Geschmacksnoten sollten am Ende in schönster Ausgewogenheit zusammenkommen. Hält sich wochenlang im Kühlschrank.

Nudeln mit grünen Bohnen und Erdnüssen

Nudeln sind schnell gekochte Beilagen zu asiatischen Gerichten. Reisnudeln müssen fast überhaupt nicht gegart werden und sind ein preiswertes, praktisches Grundnahrungsmittel, das gut gelagert werden kann.

Zubereitung: 10 Min.
Garen: 5 Min.
Für 6 Personen

6 Handvoll (300 g) grüne Bohnen, geputzt
250 g breite Reisnudeln
75 g geröstete Erdnusskerne, grob gehackt
3 EL grob gehackte Korianderblätter
1 EL weiße Sesamsamen, geröstet
180 g Bohnensprossen
½ TL Salz
frisch gemahlener schwarzer Pfeffer

Für das Dressing
1 EL Sesamöl
2 EL Traubenkernöl oder ein anderes geschmacksneutrales Öl
2 TL Fischsauce

Zum Servieren
Limettenspalten

Die Bohnen halbieren und in kochendem Salzwasser 3 Min. garen. Anschließend sofort in kaltem Wasser abschrecken; das bewahrt ihre Knackigkeit und leuchtend grüne Farbe.

Die Reisnudeln in einen großen Topf mit kochendem Wasser geben, anschließend den Topf sofort vom Herd nehmen und die Nudeln mind. 10 Min. darin quellen lassen. Abgießen und unter fließendem kaltem Wasser abspülen.

Abgetropfte Bohnen und Nudeln mit Erdnüssen, gehackten Korianderblättern, Sesamsamen und Bohnensprossen in einer großen Servierschüssel vermengen.

Für das Dressing beide Öle und die Fischsauce in ein Schraubglas gießen, das Glas verschließen und kräftig schütteln, bis sich die Zutaten gleichmäßig verbunden haben. Die Bohnen-Erdnuss-Nudeln mit dem Dressing anmachen und mit Salz und Pfeffer abschmecken.

Als Salat servieren oder als Beilage zu einem Fleischgericht in einer heißen Pfanne 2–3 Min. pfannenrühren. Limettenspalten dazu reichen.

Einen Gemüsegarten anlegen

Gemüse im eigenen Garten anzubauen hat etwas zutiefst Erfüllendes. Neben der Belohnung, etwas frisch für den eigenen Bedarf ernten zu können, bietet ein Gemüsegarten auch eine im wahrsten Sinne des Wortes geerdete Verbindung zur Natur und ihrem Rhythmus.

Der Kreislauf des Lebens zeigt sich in jeder Pflanze, sei es Salat oder Brokkoli: Ein Samenkorn keimt, wächst heran zu blättriger Fülle, bringt Blüten hervor, bildet neue Samen aus und stirbt schließlich ab, nachdem sich seine Bestimmung erfüllt hat. Die neuen Samen ruhen im Boden, bis Wärme oder Licht den Lebensprozess von Neuem beginnen lässt und die Ernte des nächsten Jahres heranreift. Und so geht es immer weiter.

Schon ein Topf mit Basilikum auf dem Fensterbrett, dessen Blätter zu Pesto verarbeitet, mit Pasta vermischt oder in eine Suppe gerührt werden, schafft auf einfache, aber fundamentale Weise eine direkte Verbindung zu der Speise, die Sie zubereiten.

Wann immer es geht, bin ich draußen im Garten, grabe um, säe, ernte oder sammle Samen. Wer keinen Sinn für Gartenarbeit hat, stöhnt über die Mühe und kann nicht begreifen, wie viel Freude eine so anstrengende, schmutzige Arbeit bereiten kann.

Als wir mit der Planung für die Fernsehserie begannen, die dieses Buch begleitet, beschlossen mein Mann Ted und ich, einen großen Garten auf einem flachen Stück der Weide oberhalb des Sees anzulegen, die zu unserem Refugium in Wanaka gehört.

Über die ersten Pflänzchen fielen Kaninchen her; wir zogen einen Zaun. Dann setzte uns der Wind zu, ein steifer Nordwest, der an den Blättern riss und den Garten staubtrocken werden ließ. Wir umgaben ihn mit einer Wand aus Heuballen.

Einige Dinge gediehen, andere, etwa die Stangenbohnen, gingen ein. Wir waren zu spät bei der Maisernte, und die Tomaten litten unter dem kältesten Sommer seit Jahrzehnten.

Doch trotz aller Unbilden der Natur hat uns dieser neue Garten ein enormes Erfolgserlebnis und viel Freude bereitet. Aus nackter Erde erwuchs in nur wenigen Monaten eine reiche Ernte der herrlichsten Dinge. Aber auch über all den Rot- und Grünkohl hinaus, jenseits von Artischocken, Salbei, Dahlien und Rüben: Der Garten ist einfach auch ein wunderschöner Ort, um innezuhalten und zu atmen.

Birnen-Walnuss-Salat mit Halloumi

Ein herrlicher Dreiklang aus pfeffriger Brunnenkresse, weichem Grillkäse und süßen Birnen ist dieser hübsche kleine Salat. Ich bereite ihn am liebsten mit Halloumi aus Zypern zu, weil dieser Käse beim Braten seine Form behält.

Zubereitung: 15 Min.
Garen: 10–20 Min.
Für 6 Personen als Vorspeise

4 EL Traubenkernöl oder ein anderes geschmacksneutrales Öl

100 g Walnusskerne

2 reife, aber nicht weiche Birnen

Saft von ½ Zitrone

250 g Halloumi, in dünne Scheiben geschnitten

6 Handvoll (150 g) frische Brunnenkresse oder kleine zarte Spinatblätter

2 Avocados, das Fruchtfleisch in Stücke geschnitten (nach Belieben)

Salz und frisch gemahlener schwarzer Pfeffer

In einer Pfanne 3 EL Öl erhitzen und die Walnusskerne darin bei mittlerer Hitze 2–3 Min. leicht bräunen. Mit einem Schaumlöffel herausheben und auf Küchenpapier entfetten. Öl abgießen und für das Dressing aufbewahren. Oder die Walnüsse auf einem Backblech auslegen und bei 180 °C 12–15 Min. im Backofen rösten.

Birnen halbieren, entkernen und jede Hälfte in acht Spalten schneiden. In einer Schüssel die Birnenspalten behutsam mit dem Zitronensaft vermischen.

Den restlichen Esslöffel Öl bei starker Hitze in der Pfanne heiß werden lassen. Halloumischeiben auf beiden Seiten darin goldbraun braten.

Brunnenkresse oder Spinat in eine Servierschüssel füllen. Birnen mitsamt ihrem Saft, Walnüsse, das aufbewahrte Öl (oder 2 EL Olivenöl, wenn Sie die Walnüsse im Backofen gebräunt haben), gebratene Halloumischeiben und nach Belieben die Avocadostücke dazugeben, mit Salz und Pfeffer würzen und die Zutaten behutsam vermischen. Den Salat in der Schüssel servieren oder auf einzelnen Tellern anrichten.

Sehen Sie Annabel auf www.thefreerangecook.com bei der Zubereitung dieses Rezepts zu

Mayonnaise

Einer der nützlichsten Vorräte im Kühlschrank ist Mayonnaise. Sobald Sie das Grundrezept beherrschen, können Sie nach Herzenslust variieren. Eine hübsche Variation ins Grüne erhalten Sie, wenn die Mayonnaise mit einer Handvoll Rucola oder Brunnenkresse püriert wird, für eine leicht scharfe Note sorgt ein Klecks Chili-Gelee (siehe Seite 128) und eine köstliche Aioli entsteht durch im Backofen geröstete Knoblauchzehen (siehe unten).

Zubereitung: 5 Min.
Ergibt 625 ml

1 TL Dijon-Senf
1 TL Salz
½ TL weißer Pfeffer
3 EL frisch gepresster Zitronensaft
3 frische Eigelb
500 ml Traubenkernöl oder je zur Hälfte Olivenöl und Traubenkernöl

In der Küchenmaschine oder mit dem Mixer alle Zutaten außer dem Öl verrühren. Bei laufendem Motor langsam das Öl in dünnem Strahl dazugeben, bis eine dickflüssige, cremige Sauce entsteht. Sollte sie zu dickflüssig sein, mit etwas heißem Wasser verdünnen. Die Mayonnaise hält sich im Kühlschrank bis zu 2 Wochen.

Aioli mit geröstetem Knoblauch

Die Mayonnaise wie oben beschrieben zubereiten. Sobald sie dickflüssig ist, 1 geröstete Knoblauchknolle untermixen. Dafür die einzelnen Zehen schälen und in eine flache kleine Auflaufform geben. Mit Olivenöl bedecken und im Backofen bei 150 °C 45 Min. rösten, bis sie weich sind. Ich röste gern mehrere Knollen auf einmal und lagere sie dann in ihrem Öl im Kühlschrank. So halten sie sich wochenlang, und sowohl der Knoblauch als auch das Öl können später für Dressings, Saucen oder Risotto verwendet werden.

Eier-Oliven-Salat mit Aioli

Auf einer Servierplatte 4 Handvoll (100 g) Brunnenkresse anrichten. 4 hart gekochte Eier pellen, halbieren und auf das Kressebett setzen. Von 2 roten, gerösteten Paprikaschoten die Haut abziehen, das Fruchtfleisch in Streifen schneiden und auf dem Salat verteilen. Mit 2 EL entsteinten schwarzen Oliven garnieren. Aioli mit geröstetem Knoblauch (siehe oben) über den Salat träufeln und servieren. Dieses Rezept reicht für 2 Personen als leichtes Mittagsessen.

Mit selbst angebauten Nahrungsmitteln entwickeln sich Verbundenheit mit dem, was man isst, und ein Gefühl für den Rhythmus der Natur.

Salsa verde

Für diesen Klassiker gibt es unzählige kleine Tricks und Kniffe, und meiner ist, keine Minze zu verwenden, da ich ihren Geschmack zu dominant finde. Dafür reichere ich die Salsa verde mit einem hart gekochten Eigelb an. Je länger Sie übrigens die Salsa pürieren, desto grüner wird sie. Sie passt ganz besonders gut zu gegrilltem Gemüse (siehe unten) oder zu Fleisch wie etwa den Lammkronen (siehe Seite 165).

Zubereitung: 5 Min.
Garen: 8 Min.
Ergibt 500 ml

In der Küchenmaschine oder im Mixer die Zutaten zu einer glatten Sauce pürieren. Im verschlossenen Glas hält sich die Salsa wochenlang im Kühlschrank, kann aber auch eingefroren werden.

2 Handvoll Petersilienblätter (25 g), Stängel entfernt
1 Handvoll Schnittlauch (40 Halme), in Röllchen geschnitten
250 ml Olivenöl
4 EL Kapern
3 Knoblauchzehen, geschält
4 EL frisch gepresster Zitronensaft
2 TL Dijon-Senf
frisch gemahlener schwarzer Pfeffer
¼ kleine rote Zwiebel, gewürfelt
1 kleine Dose Sardellen (8–10 Stück), abgetropft
Eigelb von 1 hart gekochten Ei

Gegrilltes Gemüse mit Salsa verde

So gut wie jede Gemüsesorte eignet sich zum Grillen. 3 Zucchini schräg in 5 mm breite Scheiben schneiden. Stielansatz, Samen und Trennwände von 2 roten oder gelben Paprikaschoten entfernen und die Schoten vierteln. 1 große Süßkartoffel abbürsten oder schälen, in 5 mm breite Scheiben schneiden. 12–15 grüne Spargelstangen oder grüne Bohnen putzen, 2 rote Zwiebeln schälen und in Spalten schneiden. Das gesamte Gemüse mit Olivenöl bestreichen, salzen und pfeffern. Über mittlerer bis schwacher Hitze grillen, dabei häufig wenden, bis die Gemüsestücke weich und leicht gebräunt sind. Die Zwiebelspalten brauchen etwa 18–20 Min., Paprikaviertel rund 10 Min., Spargel und Zucchini um die 8 Min. Gemüse auf einer Servierplatte anrichten und mit Salsa verde (siehe oben) beträufeln. Zu dem Gemüse schmeckt auch sehr gut Aioli mit geröstetem Knoblauch (siehe Seite 56). Für 4–6 Personen als Beilage.

Erntefrische Tomatensauce

Diese ungemein praktische Tomatensauce ist nicht nur eine großartige Pastasauce, sondern kann auch als Basis für Suppen dienen, schmeckt gut in Schmorgerichten und Eintöpfen, macht Bratensaucen gehaltvoller und gibt auf Brot zusammen mit etwas Käse einen leckeren Mittagssnack ab. Sie ist darüber hinaus eine brillante Begleiterin zu Fleischbällchen (siehe unten) und feine Grundlage für eines meiner liebsten Muschelgerichte, den gedämpften Muscheln mit sahniger Tomatensauce (siehe Seite 207). Wenn Tomaten Saison haben, bereite ich die Sauce immer auf Vorrat zu und friere sie ein oder fülle sie heiß in Gläser ab.

Zubereitung: 15 Min.
Garen: 2 Std.
Ergibt etwa 750 ml

1,5 kg Tomaten, entkernt, in Spalten geschnitten
2 rote Paprikaschoten, Samen entfernt, in Achtel geschnitten
1 große Zwiebel, geschält, in dünne Spalten geschnitten
4 Knoblauchzehen, geschält
1 TL gehackte Rosmarinnadeln
1 kleine Chilischote, Samen entfernt, klein gewürfelt (nach Belieben)
4 EL Tomatenmark
2 EL Zucker
2 EL Olivenöl
1 TL Salz
frisch gemahlener schwarzer Pfeffer

Den Backofen auf 160 °C vorheizen. Eine große ofenfeste Bratform mit Backpapier auskleiden. Tomaten, Paprikaschoten und Zwiebel in einer Lage in der Form verteilen. Das ist wichtig, damit das Gemüse im Backofen rösten und karamellisieren kann, aber nicht geschmort wird. Gegebenenfalls zwei Formen verwenden.

Knoblauchzehen dazugeben, Rosmarin und nach Belieben Chili darüberstreuen. In einer kleinen Schüssel Tomatenmark mit Zucker, Olivenöl, Salz und Pfeffer verrühren und unter das Gemüse mischen, sodass es gleichmäßig davon überzogen ist.

Die Form für 2 Std. in den Backofen schieben, bis das Gemüse zu karamellisieren und einzuschrumpfen beginnt.

Form aus den Ofen nehmen, das Gemüse etwas abkühlen lassen, dann in der Küchenmaschine oder im Mixer pürieren. Im Kühlschrank lässt sich die Tomatensauce bis zu einer Woche aufbewahren. Sie können sie aber auch einfrieren oder heiß in Gläser abfüllen. Zur Heißabfüllung die pürierte Sauce noch einmal aufkochen, sehr heiß in sterilisierte Gläser füllen und die Gläser luftdicht verschließen. Hält sich monatelang.

Spaghetti mit Fleischbällchen und erntefrischer Tomatensauce

400–500 g Spaghetti al dente kochen und mit 24 gegarten kleinen Fleischbällchen in einer Schüssel vermengen. 375 ml erntefrische Tomatensauce (siehe oben) mit 125–180 ml Wasser verrühren und mit den Nudeln und Fleischbällchen vermischen. Mit gehackten Petersilienblättern und Parmesanspänen bestreuen. Für 4–6 Personen.

Sehen Sie Annabel auf www.thefreerangecook.com bei der Zubereitung der Tomatensauce zu

Passierte Tomatensauce

Einfach im Kühl- oder Gefrierschrank aufbewahren und nach Belieben mit Pasta vermischen oder unter Suppen oder Eintöpfe rühren.

Zubereitung: 10 Min.
Garen: 40 Min.
Ergibt etwa 1,5 l

2 kg große Tomaten
4 Knoblauchzehen, fein gewürfelt
125 ml Olivenöl
2 EL Tomatenmark
12 Basilikumblätter
1 TL Salz
1 TL Zucker
viel frisch gemahlener schwarzer Pfeffer

Einfacher geht es nicht! Tomaten blanchieren, häuten, klein würfeln und mit den restlichen Zutaten in einen großen Topf füllen. Bei mäßiger Hitze 40 Min. köcheln lassen, dabei gelegentlich umrühren. Sauce abkühlen lassen, anschließend durch ein Sieb streichen oder in der Küchenmaschine pürieren. In saubere Gläser füllen. Hält sich über eine Woche im Kühlschrank, lässt sich aber auch einfrieren.

Frische Tomatensalsa

Vielen Gerichten verleiht diese Salsa die Extraportion Pep, beispielsweise den zischend heiß servierten Steakstreifen (siehe Seite 150).

Zubereitung: 10 Min. + Durchziehen
Ergibt etwa 750 ml

5 Tomaten
2 EL Koriander- oder Minzeblätter
½ mittelgroße Zwiebel
1 rote Chilischote
2 Knoblauchzehen
½ TL Salz
2 EL Limettensaft
½ TL frisch gemahlener schwarzer Pfeffer
½ TL Zucker

Tomaten entkernen und klein würfeln. Koriander oder Minze fein hacken, Zwiebel in kleine Würfel schneiden. Von der Chilischote die Samen entfernen, Fruchtfleisch klein schneiden. Knoblauch schälen, fein würfeln, mit dem Salz bestreuen und mit der Klinge eines schweren Messers zu einer Paste zerdrücken.

Alle Zutaten in einer Schüssel vermischen und bei Raumtemperatur mind. 30 Min. durchziehen lassen. Abgedeckt im Kühlschrank aufbewahren und innerhalb von 3–4 Tagen verbrauchen.

Langsam geröstete Tomaten

Tomaten, die bei niedriger Temperatur langsam im Backofen geröstet werden, konzentrieren und intensivieren ihren Geschmack und entwickeln eine hinreißende Saftigkeit. Am liebsten serviere ich sie auf gerösteten Weißbrotscheiben, die mit selbst gemachtem Frischkäse (siehe Seite 222) und einem Salatblatt belegt sind, oder mache sie zu einem kleinen Salat mit Frischkäse und Pita-Chips oder Croûtons an (siehe unten). Häufig bereite ich gleich die doppelte Menge zu, denn im Mixer zerkleinert und dann erhitzt lässt sich mit ihnen ein schnelles Pastagericht, eine Steaksauce oder auch Suppe zubereiten.

Zubereitung: 5 Min.
Garen: 1¼ Std.
Für 6 Personen

1 kg Cocktailtomaten oder 18 kleine Tomaten an der Rispe
60 ml Olivenöl
2 EL Aceto balsamico
½ TL Salz
frisch gemahlener schwarzer Pfeffer
2 TL Zucker

Den Backofen auf 150 °C vorheizen. Ein Backblech mit Backpapier auslegen und die Cocktailtomaten darauf verteilen. Oder die Rispentomaten behutsam zu Bündeln von je 3–4 Tomaten zerteilen, dabei die Stiele nicht entfernen, und auf das Blech setzen.

Tomaten mit Öl und Essig beträufeln, salzen, pfeffern und mit dem Zucker bestreuen. Das Blech in den Backofen schieben und die Tomaten 1¼ Std. rösten, bis sie anfangen, etwas einzuschrumpfen. Bis zum Servieren auf dem Backblech beiseitestellen und mit dem ausgetretenen Saft auftragen.

Die langsam gerösteten Tomaten halten sich etwa eine Woche im Kühlschrank.

Langsam geröstete Tomaten mit Frischkäse und Pita-Broten

Jeweils 1 Handvoll Salatblätter auf 6–8 Tellern anrichten und die Menge von 1 Rezept langsam gerösteter Tomaten (siehe oben) sowie 1 Rezept selbst gemachter Frischkäse (siehe Seite 222) auf den Tellern verteilen. Den ausgetretenen Tomatensaft darüberträufeln und mit ein paar Pita-Chips mit Knoblauch (siehe unten) garnieren. Für 6–8 Personen.

Pita-Knoblauch-Chips oder Knoblauch-Croûtons

2 Knoblauchzehen schälen, mit der Klinge eines schweren Messers andrücken und mit ½ TL Salz zu einer Paste zerdrücken. Die Knoblauchpaste in einer kleinen Schüssel mit 80 ml Olivenöl verrühren. 5 große Pita-Brote aufschneiden oder 1 großes Baguette in etwa 1 cm dicke Scheiben schneiden. Brote auf beiden Seiten mit dem Knoblauchöl bestreichen. Die Pita-Hälften in Dreiecke schneiden. Brotstücke auf ein Backblech setzen und nach Belieben mit 1 TL getrocknetem Oregano bestreuen. In dem auf 150 °C vorgeheizten Backofen in 25–30 Min. knusprig backen. In einem luftdichten Behälter aufbewahren. Ergibt etwa 50 Stück.

Asia-Gemüse in Grün

Diese Gemüsebeilage passt wunderbar zu asiatisch zubereitetem Hühnchen, Fisch oder Fleisch. Sie können nach Belieben auch noch gepalte Dicke Bohnen, grüne Bohnen oder Spinat mitgaren. Spargel, Zucchini, Brokkoli und Bohnen müssen länger garen als die anderen Gemüsesorten, deshalb werden sie am besten vorgegart. Der Spinat kommt erst in den letzten Minuten dazu.

Zubereitung: 5 Min.
Garen: 5–6 Min.
Für 6–8 Personen

12–16 grüne Spargelstangen
1 großer Kopf Brokkoli
2–3 Zucchini
6 Handvoll (200 g) Zuckerschoten
2 TL Sesamöl
2 TL frisch geriebener Ingwer
½ TL Salz
frisch gemahlener schwarzer Pfeffer

Spargelstangen putzen und jeweils in 2–3 Stücke schneiden. Brokkoli in kleine Röschen zerteilen. Zucchini schräg in 1 cm dicke Scheiben schneiden. Zuckerschoten entfädeln.

Einen Topf mit leicht gesalzenem Wasser aufsetzen. Spargel, Brokkoli und Zucchini 2 Min. im kochenden Wasser vorgaren. Gemüse abgießen und sofort in sehr kaltem Wasser abschrecken, damit es seine Knackigkeit und leuchtend grüne Farbe nicht verliert. (Bis hierher kann das Gemüse auch gut im Voraus zubereitet werden.)

Vorgegartes Gemüse zusammen mit Zuckerschoten, Sesamöl, Ingwer, 3 EL Wasser, Salz und Pfeffer in einen heißen Topf oder eine heiße Pfanne geben und zugedeckt 2–3 Min. dünsten, bis die Zuckerschoten weich, aber noch leuchtend grün sind. Heiß servieren.

Grüne Bohnen mit Zitrone

Verkochte, graue Bohnen lassen sich vermeiden, wenn man sie vor der eigentlichen Zubereitung vorgart.

Zubereitung: 5 Min.
Garen: 6 Min.
Für 6 Personen

500–600 g grüne Bohnen
2 EL Olivenöl
fein abgeriebene Schale von 1 Bio-Zitrone
Salz und frisch gemahlener schwarzer Pfeffer

Von den grünen Bohnen die Enden abknipsen und die Bohnen bei Bedarf entfädeln.

Wenn die Bohnen bissfest sein sollen, garen Sie sie in einem Topf mit kochendem Wasser 3 Min. vor. Bohnen anschließend in ein Sieb abgießen und unter fließendem kaltem Wasser abschrecken. Bis hierher lassen sich die Bohnen im Voraus zubereiten. Wer es knackiger mag, überspringt diesen Zubereitungsschritt.

Kurz vor dem Servieren Öl und Zitronenschale in einer mittelgroßen Pfanne erhitzen. Bohnen mit 2–3 EL Wasser, Salz und Pfeffer dazugeben und 2–3 Min. pfannenrühren, bis sie knapp weich sind.

Ich kann im Garten sitzen und frische Zuckerschoten direkt aus der Schüssel knabbern. Es ist ein so großes Vergnügen, solch leckere Snacks zu finden, ohne dafür eine Verpackung öffnen zu müssen.

Langsam geröstete Tomaten mit
Frischkäse und Pita-Broten

∾

Schweinekrustenbraten in Milch
Geröstete neue Kartoffeln
mit Thymian
Grüne Bohnen mit Zitrone

∾

Panna cotta mit Honig
und Vanille

Püree von Dicken Bohnen mit Minze und Parmesan

Dieses Püree ist einerseits eine herrlich gesunde Gemüsebeilage, gleichzeitig aber auch ein fantastischer Dip oder Bruschetta-Aufstrich. Und selbst als Pastasauce, verdünnt mit etwas Nudelkochwasser, macht es sich hervorragend. Die Verarbeitung von frischen Dicken Bohnen erfolgt in zwei Schritten: Zuerst müssen die Bohnenkerne aus den Schoten herausgelöst werden, dann blanchiert man die Kerne und befreit sie anschließend von ihren dicken hellgrauen Häuten. Letzteres ist zwar ein bisschen zeitaufwendig, aber man kann wunderbar dabei abschalten und wird später mit einem wesentlich feineren Geschmack belohnt.

Zubereitung: 15 Min.
Ergibt 1 Schüssel (500 ml Inhalt)

1 kg frische Dicke Bohnenkerne (entspricht etwa 5 kg Dicken Bohnen in ihren Hülsen) oder TK-Bohnenkerne

3 Knoblauchzehen, fein gewürfelt

fein abgeriebene Schale von 2 Bio-Zitronen

24 Minzeblätter, fein gehackt

60 ml Olivenöl (nach Bedarf auch weniger)

50 g frisch geriebener Parmesan (nach Geschmack auch mehr)

Salz und frisch gemahlener schwarzer Pfeffer

Für frisch gepalte Bohnenkerne Wasser in einem großen Topf zum Kochen bringen und die Bohnenkerne darin 2 Min. blanchieren. Abgießen und in eine Schüssel mit kaltem Wasser geben; sie lassen sich anschließend leichter häuten. Tiefgefrorene Bohnenkerne in einer Schüssel mit kochendem Wasser bedecken. Beiseitestellen und zur weiteren Verarbeitung handwarm abkühlen lassen.

Die Bohnenkerne häuten. Dafür die Kerne jeweils an ihren eingekerbten Enden fassen und behutsam aus der Haut drücken. Der leuchtend grüne Bohnenkern sollte dabei am anderen Ende herausgleiten. Häute wegwerfen. Wenn Sie das Püree zu Fleisch servieren wollen, stellen Sie zum Garnieren 1 große Handvoll Bohnenkerne beiseite.

Bohnenkerne mit den restlichen Zutaten in der Küchenmaschine zu einem dicken Püree verarbeiten. Bis zu diesem Schritt können Sie das Püree auch im Voraus zubereiten; es hält sich bis zu 4 Tage im Kühlschrank.

Vor dem Servieren das Bohnenpüree mit 1–2 EL Wasser unter gelegentlichem Rühren in einem Topf erhitzen, bis es durch und durch heiß ist. Mit Salz und Pfeffer abschmecken. Heiß als Gemüsebeilage servieren oder auf Raumtemperatur abgekühlt als Dip oder Bruschetta-Aufstrich. Servieren Sie das Püree zu Fleisch, garnieren Sie das Gericht rundherum mit den beiseitegestellten ganzen Bohnenkernen.

Mais-Avocado-Salat

Wenn Sie nach Maiskolben Ausschau halten, achten Sie auf die Frische der Hüllblätter und ihrer Fäden, die nur leicht braun sein sollten. Sind sie dunkelbraun und welk, sind die Maiskörner mit größter Wahrscheinlichkeit schon überreif und haben ihre feine Süße verloren. Dieser Salat schmeckt großartig zu gegrilltem Fleisch oder Geflügel und lässt sich natürlich auch mit Mais aus der Dose oder TK-Maiskörnern zubereiten. Aber gerade im Sommer ist es ein großes Vergnügen, den Salat mit frischem Mais zuzubereiten.

Zubereitung: 15 Min.
Für 4 Personen

125 ml Basilikumöl (siehe unten) oder 2 EL Basilikumpesto mit 2 EL Olivenöl verrührt

300 g gegarte Maiskörner (von 3 großen Maiskolben)

2 EL fein gewürfelte rote Zwiebel

24 Cocktailtomaten, halbiert

1 große reife Avocado, das Fruchtfleisch in mundgerechte Stücke geschnitten

½ TL Salz

frisch gemahlener schwarzer Pfeffer

Alle Salatzutaten in einer Schüssel vermischen und mit Salz und Pfeffer abschmecken. Der Salat kann vor dem Servieren bis zu 2 Std. im Kühlschrank aufbewahrt werden. Für eine längere Lagerung im Kühlschrank, die Avocado erst kurz vor dem Servieren hinzufügen. Den Salat bei Raumtemperatur servieren.

Frische Maiskolben

Rechnen Sie pro Person 1 Maiskolben. Hüllblätter und Fäden von den Kolben entfernen und die Maiskolben 3 Min. in leicht gesalzenem kochendem Wasser garen. Abgießen und abtropfen lassen. Die Maiskolben heiß mit Butter, Salz und Pfeffer servieren.

Basilikumöl

50 g Basilikumblätter (von etwa 2 Bund) in einer Schüssel mit kochendem Wasser bedecken und die Blätter zusammenfallen lassen. Blätter sofort in ein Sieb abgießen, unter fließendem kaltem Wasser abschrecken und gut abtropfen lassen. Basilikumblätter mit ½ TL Salz und 250 ml Traubenkernöl oder Olivenöl (oder einer Mischung aus beiden) in der Küchenmaschine glatt pürieren. Nach Belieben das Öl anschließend durch ein feines Sieb streichen. Ich mag es allerdings mit seinen festeren Bestandteilen und der etwas rustikaleren Konsistenz lieber. Es hält sich bis zu einer Woche im Kühlschrank, kann aber für eine spätere Verwendung auch eingefroren werden. Ergibt 375 ml.

Hin und wieder braucht man seine Chillouts, und das heißt, man braucht Chilis. Je schärfer die kleinen Schoten sind, umso größer ist ihre beruhigende Wirkung. Aber sie kurbeln auch den Stoffwechsel an, stärken das Immunsystem und beleben den Gaumen.

Chili-Limetten-Salz

Ganz einfach ist die Herstellung dieses aromatisierten Salzes, das Fisch-, Hühnchen-, Rindfleisch- und vegetarischen Gerichten jede Menge Schwung verleiht. Die Steaks aus der Pfanne (siehe unten) oder der ganze Fisch vom Grill (siehe Seite 208) schmecken großartig damit. Einen köstlichen kleinen Imbiss oder eine leckere Beilage erhalten Sie, wenn Sie das Salz über Ofenkartoffeln streuen.

Zubereitung: 5 Min.
Ergibt etwa 100 g

1 große frische rote Chilischote
8 EL Meersalzflocken
fein abgeriebene Schale
von 2 Bio-Limetten

Samen der Chilischote entfernen und das Fruchtfleisch in ganz kleine Stücke schneiden. In der Küchenmaschine oder im Mörser mit Salz und Limettenschale vermischen und die Zutaten zu feinen Bröseln verarbeiten. Wenn Sie das Salz lagern wollen, trocknen Sie es für etwa 30 Min. im 150 °C heißen Backofen.

Ofenkartoffeln mit saurer Sahne und Chili-Limetten-Salz

Den Backofen auf 200 °C vorheizen. 4 ungeschälte große Kartoffeln waschen und abbürsten. Mit einer Gabel die Kartoffeln mehrmals einstechen, damit sie im Backofen nicht platzen. Kartoffeln in einer großen Schüssel mit 2 EL Traubenkernöl oder einem anderen geschmacksneutralen Öl vermischen; dabei darauf achten, dass sie auf allen Seiten gleichmäßig mit Öl überzogen sind. Auf der mittleren Schiene 1 Std. backen, bis sie knusprig und goldbraun sind. Kartoffeln aus dem Backofen nehmen, die Oberseite jeweils kreuzweise einschneiden und durch seitlichen Druck mit den Fingern oben aufplatzen lassen. Saure Sahne hineinlöffeln und mit Chili-Limetten-Salz (siehe oben) bestreuen. Für 4 Personen als Beilage.

Steaks aus der Pfanne mit Chili-Limetten-Salz

In einer Pfanne mit wenig Öl 4 Steaks bei starker Hitze auf jeder Seite etwa 2 Min. oder bis zum gewünschten Gargrad braten. Wenn die Steaks fast fertig sind, mit Chili-Limetten-Salz bestreuen. Für 4 Personen.

Pesto von gerösteten Paprikaschoten

Für mich gehört zum Nonplusultra an Vorräten Pesto. Ob zu Pasta, als Dip, zum Bestreichen von Bruschetta oder zu Fleischgerichten wie dem Schweinekrustenbraten (siehe Seite 156) – Pesto ist wunderbar und lässt sich mit allen möglichen Gemüsesorten oder Kräutern zubereiten. Mein Favorit ist jedoch dieses besondere rote Paprikapesto. Die gerösteten Paprikaschoten verleihen ihm eine wunderbar rauchige Note.

Zubereitung: 20 Min.
Garen: 25 Min. +
  20 Min. Kühlen
Ergibt 500 ml

- 6 rote Paprikaschoten
- 60 ml Olivenöl
- 2 Knoblauchzehen, zerdrückt
- 1 TL Paprikapulver
- 1 TL geräuchertes Paprikapulver
- 35 g Mandelkerne, geröstet
- 4 EL Korianderblätter, gehackt
- Salz und frisch gemahlener schwarzer Pfeffer

Paprikaschoten waschen und trocken tupfen. Die ganzen Schoten auf ein Backblech geben und bei 240 °C etwa 15–20 Min. im Backofen rösten, bis ihre Haut Blasen wirft und stellenweise schwarz ist. Aus dem Ofen nehmen und mit einem sauberen Küchentuch abgedeckt oder in einem Plastikbeutel etwa 20 Min. ausdampfen lassen. Auf diese Weise lässt sich die Haut später ganz leicht abziehen.

Inzwischen das Öl in einer kleinen Pfanne erhitzen. Knoblauch und beide Sorten Paprikapulver einige Sekunden im heißen Öl verrühren, damit sich ihre Aromen entfalten. Die Gewürzmischung etwas abkühlen lassen und in die Küchenmaschine oder den Mixer füllen.

Haut, Stielansatz, Trennwände und Samen der Paprikaschoten entfernen, dabei möglichst den austretenden Gemüsesaft auffangen. Fruchtfleisch und Saft zu der Gewürzmischung in die Küchenmaschine oder den Mixer geben, Mandeln und Koriander hinzufügen und nach Geschmack salzen und pfeffern. Die Zutaten zu einem glatten Püree verarbeiten. Hält sich zugedeckt eine Woche im Kühlschrank.

Penne mit Pesto von gerösteten Paprikaschoten und Spinat

400–500 g Penne nach Packungsanweisung al dente garen; abgießen und abtropfen lassen. 200 g frischen Spinat oder Rucola in etwas heißes Öl geben, salzen und pfeffern und in etwa 2 Min. zusammenfallen lassen. Die Hälfte des Rezepts für Pesto von gerösteten Paprikaschoten (siehe oben) erhitzen und mit den Nudeln vermischen. Pasta auf vier tiefe Teller verteilen und mit zusammengefallenem Spinat oder Rucola und Parmesanspänen garnieren. Für 4 Personen.

Rindfleischspieße mit Pesto von gerösteten Paprikaschoten

8 Holzspieße wässern. 600 g Steakfleisch in 2 cm große Würfel schneiden. 1 rote Paprikaschote putzen und ebenfalls in 2 cm große Würfel schneiden. 1 rote Zwiebel schälen und in Spalten schneiden. Abwechselnd Fleisch, Paprika und Zwiebelspalten zu gleichen Teilen auf die gewässerten Spieße stecken und mit Salz, frisch gemahlenem Pfeffer und insgesamt 1 TL gemahlenem Kreuzkümmel würzen. In einer Pfanne mit schwerem Boden 1 EL Butter oder Öl erhitzen und die Spieße bei starker Hitze auf beiden Seiten jeweils 2 Min. braten. Zu den Spießen gedämpften Reis und die Hälfte des Rezepts für Pesto von gerösteten Paprikaschoten (siehe oben) servieren. Für 4 Personen.

Aus dem Garten — Sehen Sie Annabel auf www.thefreerangecook.com bei der Zubereitung des Pestos zu

Duftende gebackene Oliven

Oft bereite ich gleich die doppelte Menge von diesem Rezept zu und halte die Hälfte davon für andere Gelegenheiten in Gläsern vorrätig. Im Vergleich zu eingelegten Oliven schmecken die gebackenen Oliven intensiver, vor allem, wenn sie warm gegessen werden. So oder so sind sie ausgezeichnete Begleiter zu einem Drink. Erste Wahl für mich sind griechische Kalamata-Oliven aufgrund ihrer feinwürzigen Salzigkeit.

Zubereitung: 2–3 Min.
Garen: 20 Min.
Für 8–10 Personen

40 eingelegte schwarze Kalamata-Oliven, abgetropft
2 Knoblauchzehen, in dünne Scheiben geschnitten
1 Bio-Zitrone, mit einem Sparschäler 2–3 Streifen Schale dünn abgeschält
1 Bio-Orange, mit einem Sparschäler 2–3 Streifen Schale dünn abgeschält
3 rote Chilischoten, von 1 Schote Samen und Trennwände entfernt und das Fruchtfleisch fein gewürfelt
½ TL Fenchelsamen
125–180 ml Olivenöl

Den Backofen auf 180 °C vorheizen. In einer Bratform die Oliven mit den anderen Zutaten vermengen und 20 Min. backen.

Oliven abgießen, dabei das Öl auffangen, und die Oliven warm servieren.

Wenn Sie das Rezept auf Vorrat zubereiten, die Oliven in ein Schraubglas füllen und abkühlen lassen. Mit dem aufgefangenen Öl bedecken und bei Bedarf das Glas mit weiterem Olivenöl auffüllen. Im verschlossenen Glas halten sich die Oliven monatelang und können zum Servieren wieder aufgewärmt werden.

In Sojasauce geröstete Mandeln

Selbst geröstete Nüsse und Mandeln schmecken viel frischer als Fertigprodukte. Für dieses Rezept können Sie Nüsse aller Art verwenden, sollten ihnen bei der Zubereitung aber immer höchste Aufmerksamkeit schenken. Denn je höher der Fettanteil der Nüsse ist, desto schneller rösten sie und desto leichter können sie verbrennen.

Zubereitung: 5 Min.
Garen: 12–15 Min.
Ergibt 300 g

300 g ganze Mandelkerne
2 EL Sojasauce
1 EL geschmacksneutrales Öl

Den Backofen auf 180 °C vorheizen. Mandelkerne auf ein Backblech geben und gleichmäßig mit der Sojasauce vermischen. Öl untermengen, bis alle Mandeln vom Öl überzogen sind.

Im Backofen 12–15 Min. rösten, bis die Mandeln zu duften beginnen und knusprig sind. Sofort servieren oder abkühlen lassen und in einem luftdicht verschlossenen Glas aufbewahren. Die Mandeln halten sich so einige Wochen.

Langsam geschmorte rote Zwiebeln

Hier kommt eines dieser genialen Rezepte, in denen nicht viel mehr zu tun ist, als die Zutaten vorzubereiten, um sie dann im Backofen sich selbst zu überlassen. Kehrt man nach gut einer Stunde zurück, bedarf es nur noch ein paar weniger Handgriffe bis zum saftig-zarten Ergebnis. Ich bevorzuge rote Zwiebeln, weil sie etwas süßer sind als weiße, aber alle anderen Zwiebelsorten oder Schalotten eignen sich ebenso gut.

Zubereitung: 10 Min.
Garen: 2–2¼ Std.
Für 6 Personen als Beilage

6 mittelgroße rote Zwiebeln (etwa 750 g), geschält
1 EL flüssiger Honig
2 EL Aceto balsamico
1 großer Zweig Thymian, in kleine Stücke zerteilt
6 TL Butter
Salz und frisch gemahlener schwarzer Pfeffer

Den Backofen auf 150 °C vorheizen. Auf der Ober- und Unterseite der Zwiebeln jeweils eine dünne Scheibe abschneiden und die Zwiebeln aufrecht in eine ofenfeste Form mit Deckel setzen. 125 ml Wasser angießen.

Zwiebeln mit Honig und Essig beträufeln und mit Thymian bestreuen. Auf jede Zwiebel 1 TL Butter setzen und die Zwiebeln nach Geschmack mit Salz und Pfeffer würzen. Zwiebeln in der verschlossenen Form 1½ Std. im Backofen garen.

Den Deckel abnehmen und die Zwiebeln in der offenen Form weitere 30–45 Min. im Backofen garen, dabei gelegentlich mit der Bratflüssigkeit begießen, bis sie weich, aber noch schön saftig sind. So zubereitet, entwickeln Zwiebeln einen unnachahmlich konzentrierten Geschmack. Die Form aus dem Backofen nehmen, Thymianzweige herausfischen und die Zwiebeln mit der restlichen Bratflüssigkeit beträufelt servieren.

Karamellisierte Zwiebeln

Weil sich karamellisierte Zwiebeln so vielseitig einsetzen lassen, lohnt es sich, gleich eine größere Menge zuzubereiten. Nehmen Sie braune oder rote Zwiebeln, letztere entwickeln einen etwas süßeren Geschmack. Und probieren Sie unbedingt auch mal die Tarte mit karamellisierten Zwiebeln und Schafskäse (siehe Seite 36).

Zubereitung: 5 Min.
Garen: 45 Min.
Ergibt etwa 750 g

6 große rote Zwiebeln
5 EL brauner Zucker
80 ml Aceto balsamico
2 EL Öl
1 TL Salz
frisch gemahlener schwarzer Pfeffer

Zwiebeln schälen und in dünne Spalten schneiden. Mit den restlichen Zutaten, Pfeffer nach Geschmack und 375 ml Wasser in einen großen Topf füllen und die Mischung zum Kochen bringen. Die Temperatur reduzieren und die Zwiebeln 40–45 Min. unter gelegentlichem Rühren sanft köcheln lassen, bis die Flüssigkeit im Topf fast verdampft ist und die Zwiebeln sehr weich sind. Achten Sie gegen Ende der Garzeit darauf, dass die Zwiebeln nicht am Topfboden ansetzen. Immer mal wieder durchrühren.

Topf vom Herd nehmen und die Zwiebeln abkühlen lassen. Zur Vorratshaltung in einem verschlossenen Gefäß bis zu einer Woche im Kühlschrank aufbewahren. Bei Raumtemperatur servieren oder nach Bedarf in einer kleinen Pfanne kurz aufwärmen.

Steaksauce von karamellisierten Zwiebeln

In einem Topf 250 g karamellisierte Zwiebeln (siehe oben) mit 250 ml hochwertigem Rinderfond erhitzen. 2 TL Speisestärke in etwas Wasser glatt rühren und die Sauce damit andicken; Sauce 1–2 Min. köcheln lassen, bis der Stärkegeschmack verkocht ist. Über gegrillte Steaks löffeln. Für 4 Personen.

Zwiebelsuppe

250 g karamellisierte Zwiebeln (siehe oben) mit 500 ml Rinderfond 5 Min. köcheln lassen. Inzwischen 4 Baguettescheiben mit je ½ EL geriebenem Gruyère bestreuen und den Käse unter dem Backofengrill schmelzen und goldbraun werden lassen. Die Zwiebelsuppe auf zwei Suppenschalen verteilen und je 2 Baguettescheiben daraufsetzen. Mit gehackten Blättern glatter Petersilie garnieren. Für 2 Personen.

Würstchen und Kartoffelpüree mit Zwiebelsauce

4 rohe Bratwürste bester Qualität (z. B. italienische Schweinswürste mit Fenchel) in der Pfanne oder im Backofen braten. In einem Topf 250 g karamellisierte Zwiebeln (siehe oben) mit 125 ml hochwertiger Rinderbrühe oder -fond erhitzen. Die Würste mit der Zwiebelsauce, Kartoffelpüree und gegarten Erbsen servieren. Für 2 Personen.

Aus dem Garten — Sehen Sie Annabel auf www.thefreerangecook.com bei der Zubereitung der karamellisierten Zwiebeln zu

Kartoffelgratin mit Gruyère und Knoblauch

Ein Klassiker, für den es so viele Rezepte wie Köche gibt und für den die Zutaten meist sehr sorgfältig in die Form geschichtet werden. Nicht so bei mir, denn ich nehme mir die Freiheit, Kartoffeln, Knoblauch, Käse und Sahne einfach in der Form zu vermischen. Das Gratin lässt sich (fast) im Voraus zubereiten, indem es nach der Hälfte der Garzeit aus dem Backofen genommen und dann erst kurz vor dem Servieren fertig gebacken wird.

Zubereitung: 10 Min.
Backen: 1–1¼ Std.
Für 6 Personen

10 (2 kg) große Kartoffeln, geschält, in 1–1,5 cm dicke Scheiben geschnitten

4 Knoblauchzehen, in feine Scheiben geschnitten

100 g Gruyère, grob gerieben

250–375 g Sahne

2 TL Salz (etwas mehr, wenn Sie Salzflocken verwenden)

frisch gemahlener schwarzer Pfeffer

Den Backofen auf 200 °C vorheizen. Den Boden und die Seiten einer 30 x 25 cm großen flachen Back- oder Auflaufform einfetten. Rohe Kartoffelscheiben, Knoblauch, Käse, Sahne, Salz und Pfeffer nach Geschmack einfüllen.

Die Zutaten vermischen und dabei darauf achten, dass am Ende alle Kartoffelscheiben mit Sahne überzogen sind. Kartoffeln gleichmäßig in der Form verteilen und 1–1¼ Std. im Ofen backen, bis sie weich und goldbraun sind.

Wenn es um Kartoffeln geht, haben wir alle ein wenig irisches Blut in uns. Es sind die Momente, in denen wir uns nach tröstendem, unverfälschtem Geschmack sehnen.

Knusprige selbst gemachte Pommes

Für diese überaus köstlichen Pommes, von denen man kaum genug bekommen kann, brauchen Sie nur ganz wenig Öl. Das macht sie zu einer gesunden Alternative gegenüber den klassischen, in viel Öl frittierten Pommes frites.

Zubereitung: 15 Min.
Garen: 1 Std.
Für 6–8 Personen

8 mittelgroße bis große Kartoffeln (je 130–150 g)
35 g Mehl
3 EL Olivenöl
1 TL Meersalzflocken
frisch gemahlener schwarzer Pfeffer

Den Backofen auf 200 °C vorheizen. Eine große flache Bratform mit Backpapier auslegen, das erleichtert später ihre Reinigung.

Kartoffeln schälen und in Stäbchen oder Spalten schneiden. Kartoffeln in die Form geben und gleichmäßig mit dem Mehl vermischen.

Unter die bemehlten Kartoffeln das Öl mischen. Kartoffeln in einer Lage in der Form verteilen, salzen und pfeffern. Die Form für 1 Std. in den Backofen schieben, bis die Pommes oder Kartoffelspalten goldbraun und knusprig sind.

Geröstete neue Kartoffeln mit Thymian

Ich mag die knusprige Konsistenz dieser Kartoffeln sehr. Sie müssen die vorgegarten Kartoffeln dafür nur mit einer Gabel andrücken, bis die Schale aufplatzt. Die aufgeplatzten Schalen entwickeln während des Backens eine herrliche Kruste, und das Thymianaroma dringt bis ins Innere der Kartoffeln.

Zubereitung: 5 Min.
Garen: 40–50 Min.
Für 6–8 Personen

1,5–2 kg kleine neue Kartoffeln, gewaschen und abgebürstet
2 EL Olivenöl
2 TL frische Thymianblätter oder
1 TL getrockneter Thymian
1 TL Meersalzflocken

Den Backofen auf 200 °C vorheizen. Kartoffeln in der Schale 10 Min. in leicht gesalzenem, kochendem Wasser garen. Abgießen, gut abtropfen lassen und in eine Bratform geben. Mit einer Gabel die Kartoffeln an- und etwas flach drücken, sodass die Schale aufplatzt.

Kartoffeln mit Olivenöl beträufeln, mit Thymian und Salz bestreuen und etwa 40–50 Min. im Backofen garen, bis sie knusprig und goldbraun sind. Heiß servieren.

Kartoffelsalat mit Kapern und Minze

Den Salat anmachen, so lange die Kartoffeln noch heiß sind, dann nehmen sie die Aromen des Dressings besser auf.

Zubereitung: 10 Min.
Garen: 15–20 Min.
Für 6 Personen

1–1,2 kg kleine Kartoffeln
1 TL Dijon-Senf
1 TL fein abgeriebene Schale von 1 Bio-Zitrone
2 EL frisch gepresster Zitronensaft
60 ml Olivenöl
Salz und frisch gemahlener schwarzer Pfeffer
1 Frühlingszwiebel
2 EL Minzeblätter
2 EL Kapern
2 EL Essiggürkchen und 2 EL von ihrem Sud

Ungeschälte Kartoffeln waschen und abbürsten, anschließend halbieren. Die Hälften in leicht gesalzenem kochendem Wasser knapp weich garen. Inzwischen für das Dressing Senf, Zitronenschale und -saft, Öl sowie Salz und Pfeffer nach Geschmack in ein Schraubglas geben, das Glas verschließen und kräftig schütteln, bis die Zutaten sich zu einem Dressing verbunden haben.

Kartoffeln abgießen und noch heiß mit dem Dressing anmachen. Frühlingszwiebel, Minze, Kapern und Gürkchen fein hacken und zusammen mit dem Gurkensud gleichmäßig unter die Kartoffeln mischen. Warm oder kalt servieren.

Saftiger Krautsalat

Die fein gehobelten Weißkohlstreifen werden mit den Fingern geknetet, das macht den Salat wunderbar saftig.

Zubereitung: 15 Min.
Für 6–8 Personen

½ Kopf Weißkohl
1 kleine grüne Paprikaschote
2 Frühlingszwiebeln
3 EL glatte Petersilienblätter
2 EL frisch gepresster Zitronensaft
125 g Mayonnaise
3 TL Meerrettich
2 TL Reisweinessig
Salz und frisch gemahlener schwarzer Pfeffer

Weißkohl putzen, den Strunk entfernen und den Kohl in sehr feine Streifen hobeln. In eine große Schüssel geben und so lange mit den Fingern kneten, bis die Kohlstreifen weich werden und Saft abgeben. Paprikaschote putzen und fein würfeln, Frühlingszwiebeln und Petersilie fein hacken. Die Zutaten mit dem Weißkohl vermischen.

Für das Dressing Zitronensaft, Mayonnaise, Meerrettich und Essig in ein Schraubglas geben, nach Geschmack Salz und Pfeffer hinzufügen, das Glas verschließen und kräftig schütteln, bis sich die Zutaten zu einem Dressing verbunden haben. Den Krautsalat mit dem Dressing anmachen.

Die Schüssel abgedeckt in den Kühlschrank stellen und den Salat bis zum Servieren ziehen lassen. Er hält sich bis zu 24 Std. im Kühlschrank. 15 Min. vor dem Servieren Raumtemperatur annehmen lassen.

In der Erde zu graben ist der einfachste Weg, mit sich und der Welt in Einklang zu kommen.

Gedünsteter Rotkohl

Die leicht süß-saure Note des Rotkohls passt besonders gut zu Gerichten mit Schweinefleisch, etwa dem gebratenen Schweinerücken mit Fenchel, Zwiebeln und Äpfeln (siehe Seite 159). Rotkohl nie in kochendem Wasser blanchieren oder garen, sonst verliert er seine fantastische Farbe.

Zubereitung: 10 Min.
Garen: 10–12 Min.
Für 8–10 Personen

3 EL (45–60 g) Butter
½ großer Kopf Rotkohl (800–1000 g), gehobelt
2 EL Korinthen
2 EL Zucker
1 TL Salz
frisch gemahlener schwarzer Pfeffer
2 EL Rotweinessig

Die Butter in einem mittelgroßen bis großen Topf bei mittlerer Hitze zerlassen. Rotkohl, Korinthen, Zucker, Salz und nach Geschmack Pfeffer hinzufügen und die Zutaten bei mittlerer Hitze 10 Min. unter Rühren garen, bis die Rotkohlstreifen zusammengefallen und weich sind.

Essig untermischen und mit Salz und Pfeffer abschmecken. Sofort servieren oder im Kühlschrank aufbewahren und vor dem Servieren aufwärmen.

Pastinaken-Möhren-Püree

Für den altmodischen Geschmack dieses Pürees hege ich eine ganz besondere Vorliebe. Es ist jedenfalls eine interessante Alternative zu reinem Kartoffelpüree und eignet sich auch gut als Belag für meine zypriotische Shepherd's Pie (siehe Seite 160).

Zubereitung: 10 Min.
Garen: 25–30 Min.
Für 6–8 Personen

500 g kleine junge Möhren oder 5–6 große Möhren, geschält, klein gewürfelt
4 mittelgroße Pastinaken, geschält, klein gewürfelt
4 EL Butter
2 TL Estragonblätter, gehackt
Salz und frisch gemahlener schwarzer Pfeffer

Möhren und Pastinaken in leicht gesalzenem kochendem Wasser in etwa 25–30 Min. weich kochen. Abgießen und gut abtropfen lassen. Das Gemüse mit einem Kartoffelstampfer oder in der Küchenmaschine zu Püree verarbeiten. Butter und Estragon hinzufügen, nach Geschmack mit Salz und Pfeffer würzen und das Püree mit einem Löffel glatt rühren.

Gemüse-Pakoras

Für diese köstlichen, im Teig ausgebackenen Gemüsesnacks verwende ich als Treibmittel gerne Bier und nehme dafür weniger Natron, dessen leicht säuerlichen Geschmack ich sonst zu dominant finde. Die Pakoras gelingen auch so schön locker. Nehmen Sie aber ruhig ein wenig mehr Natron, wenn der Teig noch etwas leichter und lockerer sein soll. Das Gemüse sehr klein schneiden oder hobeln, da es nur wenige Minuten Zeit hat, im heißen Öl durchzugaren.

Zubereitung: 5 Min. + Ruhen
Garen: 3–5 Min. pro Portion
Ergibt etwa 30 Stück

200 g Kichererbsenmehl (aus dem Reformhaus oder Asienladen)
2 TL gemahlener Kreuzkümmel
2 TL Koriander- oder Senfsamen
1 TL Fenchelsamen, grob gemahlen oder zerstoßen
2 TL Currypulver
500 ml Bier
10 Stängel (etwa 15 g) Koriandergrün, gehackt
1½ TL Salz
frisch gemahlener schwarzer Pfeffer
¼ TL Natron
500 g Möhren, Brokkoliröschen, Erbsen, Kürbis, Kohlrabi oder andere Gemüsesorten, sehr klein geschnitten oder gehobelt

Zum Frittieren
Traubenkernöl, Reiskeimöl oder ein anderes geschmacksneutrales Öl

Zum Servieren
1 Rezept indische Joghurt-Gurken-Sauce mit Minze (siehe S. 100) oder Tamarindensauce (Asienladen) oder Chutney

Kichererbsenmehl mit Kreuzkümmel, Koriander- oder Sesamsamen, Fenchelsamen, Currypulver und Bier zu einem glatten, flüssigen Teig verarbeiten. Gehackten Koriander, Salz, nach Geschmack Pfeffer und das Natron unterrühren, dann die Gemüsestückchen unterheben. Die Pakora-Mischung 5 Min. ruhen lassen.

Zum Frittieren in eine tiefe Pfanne 3–4 cm hoch Öl gießen und erhitzen. Mit einem Löffel nacheinander 3–5 kleine Portionen der Pakora-Mischung aufnehmen, jeweils ins heiße Öl gleiten lassen und 3–5 Min. ausbacken, bis die Pakoras außen goldbraun und die Gemüsestücke gar sind. Portionsweise so die gesamte Pakora-Mischung verarbeiten.

Die frittierten Pakoras mit einem Schaumlöffel herausheben, überschüssiges Fett abschütteln und Pakoras auf Küchenpapier entfetten.

Sofort servieren und dazu die indische Joghurt-Gurken-Sauce mit Minze, Tamarindensauce oder Chutney reichen. Die Gemüse-Pakoras lassen sich auch im Voraus zubereiten und werden vor dem Servieren im 200 °C heißen Backofen etwa 5 Min. aufgewärmt.

Indische Joghurt-Gurken-Sauce mit Minze

Diese erfrischende Joghurtsauce aus der indischen Küche – dort nennt man sie Raita – ist fast ein Muss zu den Gemüse-Pakoras (siehe Seite 99) und schmeckt auch zu allen anderen scharfen Gerichten.

Zubereitung: 10 Min.
Für 6 Personen

1 mittelgroße Gärtnergurke oder ½ Salatgurke
250 g Naturjoghurt
1 kleines Bund Minze (etwa 40 Minzeblätter), gehackt
Salz und frisch gemahlener schwarzer Pfeffer

Zum Garnieren
1 Stängel Minze

Gurke schälen, der Länge nach halbieren, Kerne und faseriges Inneres mit einem Löffel herausschaben. Gurke in kleine Würfel schneiden und in einer kleinen Schüssel mit Joghurt und gehackter Minze verrühren. Mit Salz und Pfeffer abschmecken. Im Kühlschrank aufbewahren oder mit dem Minzestängel garniert servieren. Die Joghurtsauce schmeckt am besten am Tag ihrer Zubereitung.

Papaya mit Koriander und Limettensaft

In der asiatischen Küche dreht sich alles um die Balance von süßen, sauren, salzigen und scharfen Geschmacksnoten. Wie belebend und anregend dieser Zusammenklang am Gaumen sein kann, stellt diese Beilage unter Beweis.

Zubereitung: 10 Min.
Für 6 Personen

½ Papaya oder 1 große Mango
1 kleines Bund Koriandergrün, gehackt
Saft von 2 Limetten
1 rote Chilischote, sehr fein gewürfelt
1 Prise Zucker

Papaya oder Mango schälen und das Fruchtfleisch entweder mit einem Sparschäler in langen Streifen abziehen oder mit einem Messer in Streifen schneiden. In einer Schüssel mit Koriander, Limettensaft, Chili und Zucker behutsam vermischen. Gleich servieren oder in den Kühlschrank stellen. Schmeckt am besten am selben Tag.

Pak Choi mit Ingwer

Wie andere Blattkohlsorten auch, sollte Pak Choi nur kurz bei starker Hitze gegart werden. Da sich am Blattansatz häufig Schmutz ansammelt, sollten Sie ihn längs halbieren oder vierteln und vor der Zubereitung gründlich waschen.

Zubereitung: 5 Min.
Garen: 2–3 Min.
Für 6–8 Personen

6–8 Pak Choi
2 EL Öl
1 TL frisch geriebener Ingwer
1 TL Sesamöl (nach Belieben)

Pak Choi je nach Größe der Länge nach halbieren oder vierteln und gründlich waschen. 2 EL Öl in einer großen Pfanne oder einem großen Topf erhitzen und den Ingwer darin einige Sekunden braten. Den gesamten Pak Choi mit 2 EL Wasser und nach Belieben dem Sesamöl in die Pfanne oder den Topf füllen und zugedeckt 2–3 Min. dünsten, bis er zusammengefallen und glasig ist. Sofort servieren.

Sie können den Pak Choi auch 1 Min. in kochendem Wasser vorgaren, abgießen und unter fließendem kalten Wasser abschrecken, anschließend gut trocknen, bevor er im Ingwer-Öl in der Pfanne oder im Topf sautiert wird.

Gemischtes Gemüse

Das Geheimnis bei diesem Rezept ist, das Gemüse nur knapp weich zu garen und ihm in Butter und fein geriebener Zitronenschale den letzten Schliff zu geben.

Zubereitung: 5 Min.
Garen: 5 Min.
Für 8 Personen

1 großer Kopf Brokkoli
3 mittelgroße Zucchini
16–20 kleine junge Möhren
2 EL Butter
fein abgeriebene Schale von ½ Bio-Zitrone (etwa 1 TL)
Salz und frisch gemahlener schwarzer Pfeffer

Zum Servieren
1 TL gehackte frische Estragonblätter oder Schnittlauchröllchen

Brokkoli in kleine Röschen zerteilen. Zucchini längs halbieren und die Hälften jeweils schräg in 1 cm dicke Scheiben schneiden.

In einem großen Topf Salzwasser zum Kochen bringen. Brokkoliröschen, Zucchinischeiben und Möhren darin 2 Min. garen. Abgießen, unter fließendem kaltem Wasser abschrecken und gut abtropfen lassen.

Kurz vor dem Servieren 4 EL (60 ml) Wasser, Butter und Zitronenschale in einem zweiten großen Topf oder in einer großen Pfanne erhitzen. Das Gemüse bei starker Hitze 2–3 Min. im Topf oder in der Pfanne schwenken, bis es gerade eben weich ist. Mit Estragon oder Schnittlauch bestreuen und sofort servieren.

Sahnige Polenta

Es gibt Tage, da verlangt es mich nach einer weichen, sahnigen Beilage, aber nicht nach Kartoffelpüree. An solchen Tagen ist Polenta genau das Richtige! Sie besteht aus Maisgrieß und eignet sich deshalb vor allem auch für Menschen mit einer Glutenunverträglichkeit. Gekochte Polenta wird während des Abkühlens fest, weshalb man mit ihr auch so interessante Varianten wie die knusprigen Polenta-Ecken (siehe unten) zubereiten kann. Da Polenta mehr oder weniger geschmacksneutral ist, sollte man ihr mit Parmesan und Kräutern ein wenig auf die Sprünge helfen.

Zubereitung: 5 Min.
Garen: 25–30 Min.
Für 8 Personen

480 g Instant-Polenta (vorgegarter Maisgrieß)
4 TL Salz
100 g Parmesan, frisch gerieben
2 EL Butter
125 g Sahne oder 125 ml Milch (nach Belieben)

In einen mittelgroßen Topf 2¼ l Wasser gießen und zum Kochen bringen. Die Polenta in gleichmäßigem Strahl unter ständigem Rühren einstreuen, bis das Wasser vollständig aufgenommen ist. Den Topf verschließen und die Polenta bei kleiner Hitze 3 Min. garen, bis sie eindickt (Vorsicht vor heißen Spritzern!). Salz, Parmesan und Butter unterrühren und die Polenta als weichen Maisbrei servieren.

Oder die Polenta wie oben beschrieben zubereiten und unter den Maisbrei noch die Sahne oder Milch rühren. Polenta in einer mit etwas Butter oder Öl eingefetteten flachen Backform verstreichen und in dem auf 180 °C vorgeheizten Backofen 15 Min. backen. Die Temperatur anschließend auf 220 °C erhöhen und 5–8 Min. weiterbacken, bis die Oberseite schön gebräunt ist.

Basilikum-Polenta

Polenta wie oben beschrieben als Maisbrei zubereiten, anschließend noch 8 EL Basilikumpesto unterrühren.

Knusprige Polenta-Ecken

Ein 20 cm großes, flaches quadratisches Backblech einfetten und die Polenta als cremigen Maisbrei (siehe oben) gleichmäßig darauf verstreichen. Beiseitestellen und 40 Min. abkühlen lassen. Anschließend die Polenta im Kühlschrank weitere 30–40 Min. kühlen und dabei fest werden lassen oder über Nacht kalt stellen. Kurz vor dem Servieren die fest gewordene Polenta in 5 cm große Scheiben, Spalten oder in eine Form Ihrer Wahl schneiden. Jeweils in etwas Maisgrieß wenden und portionsweise in ein wenig Öl in der Pfanne braten, bis die Polenta-Ecken leicht gebräunt sind.

Couscous mit Gemüse aus dem Ofen

Gute Köche erkennt man an ihrem Einfalls- und Ideenreichtum. Es ist leicht, mit ausgefallenen Zutaten zu kochen, aber etwas wirklich Köstliches aus Grundnahrungsmitteln zuzubereiten erfordert Nachdenken und Fantasie. Dieses Gemüsegericht ist nicht nur eine tolle Beilage, sondern kann auch als vegetarisches Hauptgericht serviert werden.

Zubereitung: 10 Min. +
 10 Min. Ruhen
Garen: 45 Min.
Für 6 Personen

2 rote Zwiebeln, geschält

3 mittelgroße Rote Beten, geschält, oder 10–12 kleine junge Rote Beten, abgebürstet

200 g Kürbis, Schale und Kerne entfernt

6 kleine oder 3 mittelgroße Möhren, geschält

2 Süßkartoffeln, geschält (nach Belieben)

3 EL Olivenöl

2 EL Ahornsirup, Golden Syrup (heller Zuckerrohrsirup) oder Honig

Salz und frisch gemahlener schwarzer Pfeffer

350 g Couscous

fein abgeriebene Schale von 1 Bio-Zitrone

1 TL Salz

1 Bund Minze (etwa 50 Minzeblätter), Blätter gehackt oder zerpflückt

60 ml frisch gepresster Zitronensaft

60 g ungesalzene Pistazienkerne, gehackt

Den Backofen auf 180 °C vorheizen. Zwiebeln längs halbieren und in 2 cm große Spalten schneiden. Mittelgroße Rote-Bete-Knollen in 2 cm große Stücke schneiden, kleine Knollen vierteln. Kürbis, Möhren und nach Belieben die Süßkartoffeln ebenfalls in 2 cm große Stücke schneiden.

Das klein geschnittene Gemüse in eine sehr große oder in zwei kleinere Bratformen geben und in einer Lage verteilen, sodass die Gemüsestücke neben- und nicht übereinanderliegen. Mit Öl und Sirup oder Honig beträufeln, nach Geschmack salzen und pfeffern. Das Gemüse etwa 45 Min. im Backofen rösten, bis es weich und leicht karamellisiert ist.

In einer großen hitzefesten Schüssel den Couscous mit der Zitronenschale, 1 TL Salz und 500 ml kochendem Wasser vermischen. Couscous 10 Min. quellen lassen, anschließend mit einer Gabel auflockern.

Geröstetes Gemüse, Minze und Zitronensaft zum Couscous geben und die Zutaten behutsam vermengen. In eine Servierschüssel umfüllen und mit gehackten Pistazien bestreuen.

Couscous-Salat mit Trauben und Cranberrys

Wie für ein Picknick gemacht ist der Couscous-Salat mit Mandeln, Weintrauben und Cranberrys.

Zubereitung: 10 Min. + Ruhen
Für 6 Personen als Beilage

1 Prise Safranfäden
260 g Couscous
fein abgeriebene Schale von 1 Bio-Zitrone
fein abgeriebene Schale von ½ Bio-Orange
1 TL Salz
50 g Mandelstifte, geröstet
300 g grüne Weintrauben, klein geschnitten
70 g getrocknete Cranberrys, klein gehackt
4 EL gehackte Minzeblätter
3 EL Dijon-Vinaigrette (siehe S. 49)

In einem Becher die Safranfäden mit 375 ml kochendem Wasser übergießen und mind. 5 Min. ziehen lassen.

In einer großen Schüssel den Couscous mit Zitrusschalen, Salz und dem Safranwasser vermischen. Couscous etwa 10 Min. quellen lassen, anschließend mit einer Gabel auflockern.

Zuletzt Mandelstifte, Trauben, Cranberrys, Minze und die Vinaigrette untermischen.

Couscous-Aprikosen-Füllung

In einer hitzefesten Schüssel 175 g Couscous mit der fein abgeriebenen Schale von 1 Bio-Zitrone, 1 TL Salz und 250 ml kochendem Wasser vermischen. Couscous etwa 10 Min. quellen lassen, anschließend mit einer Gabel auflockern. 2 TL Thymianblättchen (oder 1 TL getrockneter Thymian), 8 EL fein gehackte Blätter glatter Petersilie, 4 EL Pinienkerne und 8–10 klein gewürfelte getrocknete Aprikosenhälften dazugeben und die Zutaten zusammen mit 2 EL zerlassener Butter vermischen. Ergibt etwa 3 Tassen (je 250 ml Inhalt) Füllung – ausreichend für 4 Stubenküken oder 1 großes Hähnchen.

Harissa

Nordafrika kennt eine ungeheure Vielfalt an Harissa-Rezepten, dieses hier ist meine Lieblingsversion. Das Rosenwasser verleiht der scharfen Paste eine zarte blumige Note. Harissa schmeckt köstlich unter Couscous gemischt, in Eintöpfen und Suppen, oder Sie würzen Fleisch damit, bevor es auf den Grill kommt.

Zubereitung: 15 Min.
Garen: 2–3 Min.
Ergibt 250 ml

- 2 TL Koriandersamen
- 1 TL Kreuzkümmelsamen
- 4 Knoblauchzehen, geschält
- 1–2 scharfe Chilischoten, Stielansatz entfernt
- 1 TL Meersalzflocken
- 60 ml Öl
- 1 TL Cayennepfeffer
- 250 ml passierte Tomaten
- 2 TL Rosenwasser zum Backen oder Kochen (aus der Apotheke oder dem Asienladen) oder 1 Prise Zucker

Koriander- und Kreuzkümmelsamen in einer Pfanne ohne Fett rösten, bis sie anfangen zu springen; die Gewürze nicht aus den Augen lassen, sie verbrennen schnell. Die gerösteten Samen im Mörser fein zerstoßen.

Knoblauch und Chili fein hacken, mit Salz bestreuen und mit der Messerklinge zu einer Paste zerdrücken.

Zerstoßene Gewürze zurück in die heiße Pfanne geben, Öl, Chili-Knoblauch-Paste und Cayennepfeffer einrühren und alles einige Sekunden braten. Passierte Tomaten dazugeben und die Mischung bei starker Hitze wenige Minuten köcheln lassen, bis sie dickflüssig wird. Die Pfanne vom Herd nehmen und das Rosenwasser oder den Zucker unterrühren.

Harissa hält sich, die Oberfläche mit einer dünnen Schicht Öl bedeckt, mehrere Wochen im Kühlschrank.

Südostasiatische Currypaste

Heutzutage sind qualitativ gute Currypasten zwar als Fertigprodukte erhältlich, trotzdem lohnt die Mühe – nicht nur aus Kostengründen –, sie selbst herzustellen. Ich persönlich ziehe die südostasiatische Version der scharfen Variante aus Indien vor, weil sie aromatischer ist. Lassen Sie sich von der langen Zutatenliste nicht abschrecken, denn sobald alles zusammengetragen ist, ist die Arbeit fast schon getan – die Küchenmaschine erledigt dann den Rest für Sie.

Zubereitung: 10 Min.
Ergibt 1,25 l

4 große Zwiebeln
1 handlange Ingwerwurzel
1 Knoblauchknolle
4 grüne Chilischoten (nach Geschmack auch mehr)
2 Kaffirlimettenblätter oder abgeriebene Schale von 2 zusätzlichen Bio-Limetten
100 g Koriandergrün, möglichst mit den Wurzeln grob gehackt
abgeriebene Schale von 3 Bio-Limetten
250 ml Traubenkern- oder Reiskeimöl
2 TL Garnelenpaste (Shrimp Paste aus dem Asienladen)
1 TL getrocknete Chiliflocken
3 TL gemahlener Kreuzkümmel
1 TL Koriandersamen
2 TL gemahlene Kurkuma
1 EL Fischsauce (Nam pla aus dem Asienladen)

Zwiebeln und Ingwer schälen und klein würfeln. Die Knoblauchknolle in Zehen teilen und diese schälen.

Stielansatz und Samen der Chilis entfernen, das Fruchtfleisch klein würfeln. Blattrippe und Blattstiel der Kaffirlimettenblätter jeweils entfernen, die Blätter fein schneiden.

Alle Zutaten in die Küchenmaschine geben und zu einer Paste mixen.

Die Currypaste lässt sich auch schon einige Tage im Voraus zubereiten und im Kühlschrank aufbewahren. Sie können Sie aber auch einfrieren.

Vegetarisches Curry

In einem großen Topf 500 ml südostasiatische Currypaste (siehe oben; ersetzen Sie bei der Herstellung aber die Garnelenpaste und die Fischsauce durch Tamarisauce, eine kräftig schmeckende Sojasauce) 5–10 Min. behutsam erhitzen, anschließend 500 ml Kokosmilch unterrühren und 250 g klein gewürfeltes Kürbisfruchtfleisch (ohne Kerne), 2 rote Zwiebeln in Spalten, 250 g gewürfelte Kartoffeln oder Süßkartoffeln, 1 rote Paprikaschote in Streifen und 1 gewürfelte Aubergine hinzufügen und 20–30 Min. köcheln lassen, bis das Gemüse gar ist. 150 g Erbsen oder Bohnen untermischen und 5 Min. mitgaren. Auf gedämpftem Reis servieren.
Für 4 Personen als Teil einer größeren Mahlzeit.

Blätterteigrolle mit Mangold, Schafskäse und Pinienkernen

Mangold ist ganz einfach anzubauen und ein hervorragender Nährstofflieferant. Besonders gern mag ich ihn so wie hier: in Blätterteig gehüllt und in Kombination mit Pinienkernen und Käse. Möglicherweise kommt Ihnen die Menge an Mangold viel zu viel vor, aber keine Sorge, er fällt während des Garens ziemlich zusammen. Die verschiedenen Käsesorten in diesem Rezept führen geschmacklich zu schöner Ausgewogenheit – die würzige Noten des Parmesans treffen auf üppigen Ricotta und die Cremigkeit des Schafskäses.

Zubereitung: 15 Min.
Garen: 40 Min.
Für 6 Personen

250 g Mangold oder Spinat

2 EL Butter

1 große Zwiebel, fein gewürfelt

250 g Ricotta

150 g Schafskäse, zerbröckelt

8 EL (50 g) frisch geriebener Parmesan

4 EL gehacktes Koriandergrün

½ TL frisch geriebene Muskatnuss

fein abgeriebene Schale von ½ Bio-Zitrone

5 EL Pinienkerne, geröstet

½ TL Salz

frisch gemahlener schwarzer Pfeffer

1 Ei, leicht verquirlt

8 Filo- oder Yufka-Teigblätter (Kühlregal)

zerlassene Butter oder Öl zum Sprühen

Den Backofen auf 180 °C vorheizen. Das Strunkende und bis zur Hälfte die weißen Stiele vom Mangold abschneiden und wegwerfen. Mangold waschen, trocken tupfen und die Blätter und restlichen Stiele klein schneiden.

In einem mittelgroßen Topf 2 EL Butter zerlassen. Zwiebelwürfel darin bei kleiner Hitze in etwa 5 Min. weich dünsten, ohne dass sie Farbe annehmen. Mangold dazugeben und so lange garen, bis das Wasser von den Blättern vollständig verdampft und der Topf trocken ist. Den Mangold auf diese Weise zu trocknen verhindert, dass die Blätterteigrolle später durchweicht.

Den Topf vom Herd nehmen und Ricotta, Schafskäse, Parmesan, Koriander, Muskatnuss, Zitronenschale und Pinienkerne unter den Mangold mengen. Salzen, pfeffern und das Ei unterrühren.

Ein Teigblatt auf der Arbeitsfläche auslegen. Großzügig mit zerlassener Butter bestreichen oder mit Öl besprühen. Ein zweites Teigblatt darauflegen und ebenfalls mit Butter bestreichen oder Öl besprühen. So fortfahren, bis alle 8 Teigblätter übereinanderliegen. Da Filo- oder Yufkateig schnell austrocknet, sollten Sie ihn zügig verarbeiten. Noch nicht verwendete Teigblätter in dieser Zeit mit einem feuchten Küchentuch abdecken.

Mangold-Füllung an der Längsseite auf der Teigplatte zu einer Rolle anhäufen, dabei einen Abstand von 3 cm zu den Teigrändern lassen. Teigränder wie einen Umschlag zur Mitte hin falten, anschließend den Teig behutsam und locker aufrollen, damit die Füllung vollständig eingeschlossen ist. Den Teig nicht zu fest aufrollen, sonst bricht er. Teigrolle auf ein Backblech heben, die Oberseite mit Butter bestreichen oder mit Öl besprühen und im Backofen 40 Min. backen, bis sie goldbraun und knusprig ist.

Ziegenkäse-Spinat-Soufflés

Diese zweimal gebackenen Soufflés machen Schluss mit den höheren Weihen der Soufflézubereitung. Zweimal gebacken bedeutet, dass Sie sie ihren Gästen luftig-leicht servieren können, ohne vor dem Essen für eine halbe Stunde in die Küche verschwinden zu müssen.

Zubereitung: 15 Min.
Backen: 15–20 Min. für den ersten Backdurchgang + 10–12 Min. für den zweiten Backdurchgang
Für 6–8 Personen

50 g Butter, plus Butter für die Souffléförmchen oder Tassen
75 g Mehl
500 ml Milch
1 Prise frisch geriebene Muskatnuss
Salz und frisch gemahlener Pfeffer
5 Eier, in Eigelb und Eiweiß getrennt
100 g Ziegenkäse, grob gerieben
4 EL frisch geriebener Parmesan
100 g gegarter Spinat (300 g roher Spinat), überschüssiges Wasser ausgedrückt, sehr fein gehackt

Zum Fertigstellen
6–8 EL Sahne

Den Backofen auf 175 °C vorheizen. 6–8 Souffléförmchen (je 250 ml Inhalt) großzügig mit Butter einfetten und kalt stellen.

In einem mittelgroßen Topf 50 g Butter zerlassen und das Mehl darin unter Rühren 2 Min. anschwitzen, ohne dass es braun wird. Mehlschwitze mit Milch, Muskatnuss, Salz und Pfeffer glatt rühren und unter ständigem Rühren zum Kochen bringen, bis eine dickflüssige Sauce entsteht.

Die Sauce bei kleiner Hitze unter Rühren 2 Min. sanft köcheln lassen; sie wird dabei sehr dickflüssig. Abschmecken und bei Bedarf kräftig nachwürzen. Den Topf vom Herd nehmen und nacheinander die Eigelbe unter die Sauce schlagen. Ziegenkäse, Parmesan und den Spinat untermischen.

Die Eiweiße in einer sauberen, fettfreien Schüssel zu Eischnee schlagen, bis weiche Spitzen stehen bleiben. ¼ des Eischnees gründlich unter die Soufflémasse rühren, dann den restlichen Eischnee behutsam unterheben.

Die gebutterten Souffléförmchen in eine tiefe Bratform stellen. Förmchen mit der Soufflémasse füllen und mit dem Daumen rundherum am Rand entlang in die Masse eine Vertiefung ziehen, damit sie beim Backen schön aufgeht. Kochendes Wasser in die Bratform gießen, bis die Förmchen bis zur Hälfte im Wasser stehen. Dadurch garen die Soufflés gleichmäßiger.

Bratform in den Backofen schieben und die Soufflés etwa 15–20 Min. backen, bis sie aufgegangen, auf der Oberseite gebräunt und in der Mitte fest geworden sind. (Sie können die Soufflés jetzt auch gleich fertig backen, indem Sie sie weitere 5–10 Min. im Ofen lassen.)

Sollen die Soufflés erst später serviert werden, Förmchen aus dem Wasserbad nehmen und die Soufflés abkühlen lassen; dabei fallen sie wieder zusammen. Abgedeckt bis zu 24 Std. in den Kühlschrank stellen. Vor dem Servieren die Soufflés entweder in den Förmchen aufwärmen oder aus den Förmchen lösen und nebeneinander in eine ofenfeste Form setzen. Den Backofen auf 220 °C vorheizen. Die Soufflés jeweils mit 1 EL Sahne beträufeln und im Backofen etwa 10–12 Min. backen, bis sie schön gebräunt und wieder leicht aufgegangen sind. Sofort servieren.

Rucolasalat mit Roter Bete
aus dem Ofen

∽

Rindersteaks mit Pilzsauce
Kartoffelgratin mit Gruyère
und Knoblauch
Grüne Bohnen mit Zitrone

∽

Gestürzter Dattel-Birnen-Kuchen
mit verführerischer Toffeesauce

Direkt vom Bauernhof

Je näher Sie an die ursprüngliche Quelle von Nahrungsmitteln kommen, umso besser wird Ihr Essen wahrscheinlich schmecken.

Als ich meinen Mann kennenlernte, war er Schäfer im Hinterland der Ostküste, nördlich von Gisborne. Auf seine gelegentlichen Reisen in die Stadt nahm er immer die 13 Hütehunde seines Teams mit. Er hielt beim örtlichen Burgerbrater und bestellte 14 Burger mit Ei – Beth, sein Lieblingshund, bekam immer zwei.

Ted ritt als Kind noch jeden Tag mit dem Pony zur Schule. Nach der Schule zu spielen hieß für ihn und seine Schwestern, die Speisekammer nach Süßigkeiten zu durchstöbern, die Tagesdecken von den Betten zu ziehen und mit Indianergeheul die Kälbchen auf der Weide zu scheuchen.

Mit einem Proviant von gerade mal einer Dose Hering in Tomatensauce, Brot, Teebeuteln und Zucker ritten Ted und seine Schwestern hinaus auf die Weiden, trieben Vieh zusammen und reparierten Zäune vom Tagesanbruch bis zur Dämmerung. Auf dem Heimweg in der Dunkelheit durch den Busch folgten sie dem Glimmen der selbst gedrehten Zigarette ihres Vaters.

In die Stadt ging es alle zwei bis drei Wochen, um Vorräte und Material für den Hof zu kaufen – Tee, Zucker, Mehl, Salz, Reis, Dosenhering und Kondensmilch standen meist auf dem Einkaufszettel der Familie. Alles andere erzeugten sie selbst oder bauten es an. In diesem Geist der Nachhaltigkeit gedieh die Familie prächtig. Mit ihren Ersparnissen kauften sie weitere Höfe – das irische Erbe ist ihnen über Generationen erhalten geblieben. Teds Großmutter schickte die Wolle der eigenen Schafe nach England, um sie dort zu Tuchballen weben zu lassen, und die ganze Familie trug dann ein paar Jahre lang Kleidung aus den gleichen Stoffen.

Man braucht einen gewissen Fatalismus, um Bauer zu sein. Kaum etwas ist vorhersehbar – Dürre, Überschwemmungen, Frost, Marktpreise –, alles befindet sich außerhalb der eigenen Kontrolle.

Das Beste, was man tun kann, ist das Vieh gut zu halten – Tiere, die frei grasen können, sind gesünder und ergeben schmackhaftere Nahrungsmittel.

Sorgfalt und Respekt sind Voraussetzungen für den edlen Beruf des Bauern. Alles, was wir essen, beginnt mit einem Samen oder einer Spore und braucht oft Monate oder Jahre, um auszureifen. In den Händen der Bauern liegt nicht nur die Güte unseres Essen, sondern auch die dauerhafte Gesundheit unseres Bodens und unseres Wassers.

Teds Vater Rob war ein Qualitätsfanatiker. Das beste Fleisch war stets der Familie vorbehalten, perfekt gereift und mit Sachverstand geschlachtet.

Auch heute hängt Fleisch auf unserem Hof mindestens eine Woche in der Kühlkammer ab, bevor es küchenfertig zerlegt wird. Steaks werden erst herausgeschnitten, wenn das ganze Teil reif ist, denn Fleisch reift besser am Stück. Trocken und kalt aufbewahrt, hält sich ein geschlachtetes Tier mehrere Wochen. Doch wenn es feucht wird oder mit Plastik in Berührung kommt, wird es schnell schlecht. Ein guter Metzger weiß das und noch viel mehr. Bauen Sie also eine gute Beziehung zu Ihrem Metzger auf – das ist der Schlüssel zu stets gutem und preiswertem Fleisch.

In der Küche sollten Sie dann darauf achten, welches Teilstück für Ihr Gericht am besten passt. Das Fleisch der am meisten beanspruchten Muskelpartien, wie etwa Schenkel, Hachsen, Backen und Schwanz, ist kernig und sehnig, aber unübertroffen im Geschmack, und wird durch langes Schmoren ebenfalls wunderbar weich.

Am zartesten und teuersten von jedem Tier ist immer das Filet, doch hat es am wenigsten Eigengeschmack. Ich ziehe zum Kurzbraten bei Rindfleisch das preiswertere Sirloin-Steak vor, das meiner Meinung nach das schmackhafteste der zarten Teile ist.

Mit nur einer Zutat, sei es einem Gewürz, einer Frucht oder einer Sauce, können Sie die Küche anderer Kulturen in Ihren Alltag holen.

Rillette vom Schwein mit Pflaumensauce

Meine Experimentierfreude, aus klassischen Gerichten etwas leichtere und weniger zeitaufwendige Versionen zu entwickeln, ist ungebrochen. Bei diesem Rezept ging es um die Herausforderung, trotz des reduzierten Fettanteils nichts von den intensiven Geschmacksnoten zu verlieren. Mit diesem Rezept bereiten Sie fünf Portionen Rillette zu je 250 ml zu. Jede Portion reicht für 6 Personen als Vorspeise.

Zubereitung: 10 Min. +
24 Std. Kühlen
Garen: 3 Std.
Ergibt 5 x 250 ml

800 g Schweinefleisch oder Schweinebauch ohne Schwarte, in fingerbreite Streifen geschnitten
3 Knoblauchzehen, geschält
1 TL Salz
2 Lorbeerblätter
1 kleines Bund Thymian oder Estragon
2 ganze Sternanise
½ TL frisch geriebener schwarzer Pfeffer
125 ml Weißwein
60 ml Weinbrand

Für die Pflaumensauce
250 g entsteinte Trockenpflaumen
250 ml Rotwein
2 EL Zucker
¼ TL gemahlene Nelken

Den Backofen auf 150 °C vorheizen. In einer flachen ofenfesten Form die Fleischstreifen in einer Lage auslegen. Mit der Klinge eines schweren Messers die Knoblauchzehen mit dem Salz zu einer Paste zerdrücken und die Paste auf den Fleischstreifen verstreichen. Mit den Kräutern und den Sternanisen bestreuen, das Fleisch pfeffern und Wein und Brandy darüberträufeln.

Ein Stück Backpapier in der Größe der Form zuschneiden und das Fleisch vollständig damit bedecken. Die Form mit einem Deckel oder mit Alufolie dicht verschließen und für 3 Std. in den Ofen schieben.

Inzwischen die Pflaumensauce zubereiten. Pflaumen mit Rotwein, Zucker und Nelken in einen kleinen Topf füllen und 12 Min. kochen lassen. Die Mischung anschließend zerstampfen oder pürieren und bei Bedarf 2–3 EL Wasser untermischen, bis die Sauce eine dickflüssige, marmeladenartige Konsistenz angenommen hat.

Form aus dem Ofen nehmen, Deckel oder Alufolie abheben und das Backpapier abziehen. Kräuter und Sternanise entfernen und wegwerfen. Fleisch abkühlen lassen, dann ein wenig zerkleinern und mit 3–4 EL der Kochflüssigkeit aus der Form in der Küchenmaschine zu einem groben Püree verarbeiten (nicht zu einer glatten Paste mixen!).

Fünf Förmchen mit je 250 ml Fassungsvermögen zu ¾ mit Rillette füllen. Die Pflaumensauce jeweils 1 cm hoch darübergeben. Förmchen zugedeckt für mind. 24 Std. oder bis zu 10 Tage kalt stellen. Die Rillettes können aber auch eingefroren werden. Mit Toast Melba (siehe unten) servieren.

Toast Melba

Den Backofen auf 150 °C vorheizen. 1 Kastenbrot (gut schmeckt Vollkornbrot) in dünne Scheiben schneiden und jeweils die Kruste abschneiden. Brotscheiben mit einem Teigroller flach drücken, dann diagonal halbieren. Die Brotdreiecke nebeneinander auf ein Backblech legen und in 20–25 Min. im Ofen sehr knusprig backen. Abkühlen lassen und in einem luftdicht verschlossenen Behälter aufbewahren. Nicht mehr knusprige Scheiben vor dem Servieren im 150 °C vorgeheizten Ofen 5 Min. aufbacken.

Chili-Gelee

Besonders gern bereite ich dieses Chili-Gelee im Herbst zu, wenn die Chilischoten in meinem Garten reif sind. Es gibt unzählige Sorten, die alle unterschiedliche Schärfegrade haben. Als Faustregel gilt: Je kleiner sie sind, desto schärfer schmecken sie. Ein milderes Gelee bereiten Sie mit 2–3 Chilis und 1 großen roten Paprikaschote zu.

Zubereitung: 10 Min.
Garen: 10 Min.
Ergibt 1 Schraubglas (500 ml Inhalt)

1 Knoblauchknolle, in Zehen geteilt und diese geschält
6–8 lange rote Chilischoten, grob gewürfelt
3 daumengroße Stücke (200 g) frischer Ingwer, geschält, grob zerkleinert
4 Kaffirlimettenblätter, Blattrippen und -stiele entfernt (nach Belieben)
550 g Zucker
fein abgeriebene Schale von 4 Bio-Limetten
125 ml Reisweinessig
3 EL Fischsauce (Nam pla aus dem Asienladen)
1 TL Sojasauce

Ein Schraubglas (500 ml) und seinen Metalldeckel sterilisieren.

Knoblauch, Chilischoten, Ingwer und nach Belieben Kaffirlimettenblätter zu einer grobkörnigen Paste pürieren. Mit Zucker, Limettenschale, Reisweinessig, Fisch- und Sojasauce sowie 125 ml Wasser in einen Topf füllen.

Die Mischung bei mittlerer Hitze unter Rühren erhitzen, bis sich der Zucker aufgelöst hat, anschließend etwa 10 Min. kochen lassen, bis die Chilimasse um ein Drittel reduziert ist. Sie wirft Blasen wie Marmelade, die eingekocht wird.

Das heiße Gelee in das noch warme sterilisierte Schraubglas bis 3 mm unter den Rand füllen und das Glas mit dem Deckel fest verschließen. Einmal geöffnet, das Chili-Gelee im Kühlschrank aufbewahren. Hält sich monatelang.

Rohkostplatte mit Chili-Gelee zum Dippen

In eine kleine Servierschale 3 EL Chili-Gelee (siehe oben) geben. 2 Möhren, 3 Selleriestangen, 1 Mini-Gurke oder 1/3 Salatgurke in Stäbchen schneiden. Das Schälchen mit dem Chili-Gelee in die Mitte einer Servierplatte stellen und die Gemüsestäbchen um die Schale herum anrichten. Für 4 Personen als Snack.

Hähnchenflügel oder Hähnchenschenkel aus dem Ofen

Den Backofen auf 180 °C vorheizen. 16 Hähnchenflügel oder Hähnchenunterschenkel in eine ofenfeste Form geben und mit etwa 4 EL Chili-Gelee (siehe oben) vermischen, sodass alle Stücke mit Gelee überzogen sind. Das Hähnchenfleisch in einer Lage in der Form verteilen und 30–40 Min. im Backofen braten, bis es goldbraun und gar ist. Mit gehackten Korianderblättern bestreuen und servieren. Für 4–6 Personen.

Direkt vom Bauernhof — *Sehen Sie Annabel auf www.thefreerangecook.com bei der Zubereitung des Chili-Gelees zu*

Duftende gebackene Oliven
In Sojasauce geröstete Mandeln
Lavash mit Sesam und Oregano

∾

Gebratener Schweinerücken mit
Fenchel, Zwiebeln und Äpfeln
Sahnige Polenta
Gedünsteter Rotkohl

∾

Nektarinen in Verjus-Gelee

Hähnchen-Korma mit Auberginen und grünen Bohnen

Wenn Sie sich bisher nicht an Rezepte der südostasiatischen Küche herangetraut haben, dann sollten Sie dieses hier ausprobieren. Sie zaubern damit einen wunderbar duftenden »Eintopf« auf den Tisch, den Ihre Freunde oder Familie ganz bestimmt mögen werden. Am besten schmeckt gedämpfter Reis und Papadams dazu.

Zubereitung: 20 Min.
Garen: 40 Min.
Für 4–5 Personen

500 ml südostasiatische Currypaste (siehe S. 112)
750 ml Hühnerbrühe
250 ml Kokoscreme (Cream of Coconut)
1 gehäufter TL brauner Zucker oder geriebener Palmzucker
Salz und frisch gemahlener schwarzer Pfeffer
3–4 japanische Auberginen, in 2 cm große Stücke geschnitten, oder 400 g normale Auberginen, in 2–3 cm große Stücke geschnitten
1 kg ausgelöste Hähnchenoberschenkel ohne Haut, halbiert
2 Tomaten, gewürfelt
400 g grüne Bohnen, geputzt, gedrittelt
65 g Chashewkerne, geröstet, zerstoßen

Zum Servieren
gedämpfter Reis
Papadams (indisches Fladenbrot aus dem Asienladen)

Currypaste in einen großen Topf geben und 15 Min. unter häufigem Rühren sanft braten, bis sie sehr geschmeidig, aber nicht gebräunt ist.

Hühnerbrühe, Kokoscreme und Zucker hinzufügen, nach Geschmack salzen und pfeffern. Gründlich durchrühren, damit sich die Zutaten verbinden, und die Mischung zum Kochen bringen.

Auberginen dazugeben und 10 Min. köcheln lassen, anschließend das Hähnchenfleisch einfüllen und weitere 10 Min. köcheln lassen. Tomaten, Bohnen und die Hälfte der zerstoßenen Cashewkerne zufügen und 5–6 Min. garen, bis die Bohnen eben weich sind.

Hähnchen-Korma in eine Servierschüssel umfüllen und mit den restlichen Nüssen bestreuen. Mit gedämpftem Reis und Papadams servieren.

Gebratene Hähnchenbrüste mit Verjus-Sauce

Die ganz simpel in der Pfanne gebratenen Hähnchenbrüste erhalten durch die feinsäuerliche, pikante Sauce aus Verjus (siehe Seite 287) und grünen Pfefferkörnern das gewisse Etwas. Zu dieser schnell zubereiteten, unkomplizierten Mahlzeit passen als Beilage Kartoffelpüree und kurz gegartes grünes Gemüse. Ablöschen, auch Deglacieren genannt, ist eine Kochmethode, bei der man durch die Zugabe von Flüssigkeit den aromatischen Bratensatz in der Pfanne durch Erhitzen löst, um eine Sauce zuzubereiten.

Zubereitung: 5 Min.
Garen: 20–25 Min.
Für 2 Personen

2 Hähnchenbrustfilets
Salz und frisch gemahlener schwarzer Pfeffer
2 EL Butter
1 EL eingelegte grüne Pfefferkörner, abgetropft
125 ml Verjus (siehe S. 287) oder Weißwein
60 g Sahne (nach Belieben)

Hähnchenbrüste zwischen zwei Lagen Back- oder Butterbrotpapier legen und mit einem Teigroller leicht flach klopfen. Das Fleisch nach Geschmack salzen und pfeffern.

Butter in einer Pfanne erhitzen und die Brustfilets darin auf jeder Seite in etwa 10 Min. bräunen. Aus der Pfanne nehmen und warm halten.

Pfefferkörner in die Pfanne geben, mit Verjus oder Weißwein ablöschen und den Bratensatz in der Pfanne lösen. Die Sauce 2–3 Min. köcheln lassen, bis sie zu einer glänzenden Glasur reduziert ist. Nach Belieben die Sahne unterrühren und in ein paar Minuten leicht dicklich einkochen lassen. Heiß über die Hähnchenbrüste träufeln und servieren.

Hähnchenbrüste mit Zitronengras und Chili aus dem Ofen

Dieses Gericht bereite ich immer dann zu, wenn wenig Zeit ist. In ein paar Minuten ist alles fertig und während die Hähnchenbrüste im Backofen braten, koche ich noch rasch etwas Reis und Gemüse und decke den Tisch. Die Sauce eignet sich auch gut für ein ganzes, schmetterlingsförmig aufgeschnittenes Hähnchen (50–60 Min. garen) oder für frische Fischfilets (8–10 Min. garen).

Zubereitung: 10 Min.
Garen: 30–35 Min.
Für 6 Personen

6–8 Hähnchenbrustfilets mit Haut
3 TL fein geriebenes Zitronengras
125 ml süße Chilisauce
2 EL Fischsauce (Nam pla aus dem Asienladen)
2 Kaffirlimettenblätter, fein gehackt, oder die fein abgeriebene Schale von 2 Bio-Limetten
2 EL frisch gepresster Limettensaft
2 Knoblauchzehen, zerdrückt

Zum Servieren
gedämpfter Jasminreis
1 Rezept Asia-Gemüse in Grün (siehe S. 68)

Den Backofen auf 200 °C vorheizen. Hähnchenbrüste mit der Hautseite nach oben nebeneinander in eine flache Bratform legen. In einer kleinen Schüssel die restlichen Zutaten mit 60 ml Wasser vermischen und über die Hähnchenbrüste gießen.

Hähnchenbrüste im Backofen etwa 30–35 Min. braten, bis sie goldbraun und gar sind. Zur Garprobe einen sauberen Holzspieß in das Fleisch an der dicksten Stelle einer Hähnchenbrust stechen. Wenn klarer Fleischsaft austritt, sind die Brüste gar. Ist der Fleischsaft rosa, müssen sie noch für eine kleine Weile zurück in den Ofen, bevor Sie erneut die Garprobe machen.

Mit Jasminreis und dem Gemüse servieren.

Variante

Sollten Sie ein Glas meines Chili-Gelees (siehe Seite 128) im Kühlschrank stehen haben, lässt sich die Chilisauce für die Hähnchenbrüste noch schneller zubereiten und dabei auch etwas abwandeln. Einfach 125 ml Chili-Gelee mit 60 ml Wasser und 2 EL frisch gepresstem Limettensaft vermischen und über das Fleisch gießen. Im Backofen braten wie oben beschrieben.

Jeder mag es, wenn für ihn gekocht wird, egal, wie einfach das Essen ist. Immer gut schmeckt es über offenem Feuer gegart und unter freiem Himmel serviert.

Pikante Würzmischung

Mit dieser wunderbaren Würzmischung können Sie alle Arten von Fleisch und Hähnchenteilen marinieren, darunter auch die gegrillte Lammkeule (siehe Seite 148). Sehr gut schmeckt sie außerdem in einem pfannengerührten Gericht mit Kichererbsen oder als Sauce, Dressing oder Dip mit Joghurt verrührt (siehe unten).

Zubereitung: 5 Min.
Garen: 1 Min.
Ergibt etwa 500 ml

6 Knoblauchzehen, zerdrückt
fein abgeriebene Schale von 2 Bio-Zitronen
180 ml frisch gepresster Zitronensaft
2 frische Chilischoten, sehr fein gewürfelt
3 EL fein geriebener Ingwer
125 ml Olivenöl
2 EL gemahlener Kreuzkümmel
2 TL gemahlene Kurkuma
2 TL Paprikapulver
2 Zimtstangen, in Stücke gebrochen
2 TL Zucker
2 TL Salz
½ TL frisch gemahlener schwarzer Pfeffer

In einer kleinen Schüssel Knoblauch, Zitronenschale und -saft, Chilis und Ingwer vermischen.

Öl in einer Pfanne erhitzen. Kreuzkümmel, Kurkuma, Paprikapulver und die Zimtstangen darin auf mittlerer Stufe etwa 30 Sek. rösten, bis sie zu duften beginnen. Die Gewürze nicht verbrennen lassen.

Die Knoblauchmischung hinzufügen und bei kleiner Hitze 30–40 Sek. nur anziehen lassen, sie soll nicht wirklich braten. Die Pfanne vom Herd nehmen und Zucker, Salz und Pfeffer unterrühren. Würzmischung abkühlen lassen.

Die Menge reicht für mehrere Mahlzeiten. Im Kühlschrank hält sie sich in einem verschlossenen Behälter einige Wochen.

Pikanter Joghurt-Dip

In einer kleinen Schüssel 1 EL pikante Würzmischung (siehe oben) mit 225 g griechischem Joghurt und 1 EL Zitronensaft verrühren. Hält sich im Kühlschrank rund eine Woche. Ergibt etwa 250 ml.

Pikante Kicherbsen-Paprika-Pfanne

In einer Pfanne 2 EL pikante Würzmischung (siehe oben) erhitzen. 600 g Kichererbsen aus der Dose und 2 in dünne Streifen geschnittene rote Paprikaschoten dazugeben. Die Zutaten pfannenrühren, bis sie heiß und mit der Würzmischung überzogen sind. 200 g kleine junge Spinatblätter zufügen und zusammenfallen lassen. Die Mischung vor dem Servieren mit 1 Handvoll Korianderblättern bestreuen. Für 4 Personen als Beilage.

Rezepte, die sich vielseitig einsetzen lassen, sind ungemein praktisch. So wird etwa eine Marinade zu einem Dip, einer Sauce oder zu einem Dressing.

Würzige Hähnchenspieße

Nicht nur auf Kinder übt ein Essen mit Holzspießen eine unwiderstehliche Anziehungskraft aus. Diese würzigen Hähnchenspieße werden in der Hälfte meiner so unglaublich vielseitigen Chermoula-Marinade (siehe Seite 144) mariniert, die andere Hälfte der Marinade verwende ich für einen Dip, den ich zu den Spießen reiche, und als Dressing für den marokkanischen Gurkensalat.

**Zubereitung: 10 Min. +
 bis zu 24 Std. Marinieren
Garen: 10–12 Min.
Für 6–8 Personen**

10 (1,2 kg) ausgelöste Hähnchenoberschenkel, in Drittel oder Viertel geschnitten
½ Rezept Chermoula-Marinade (siehe S. 144)

Zum Servieren
1 Rezept marokkanischer Gurkensalat (siehe unten)
½ Rezept Chermoula-Dip (siehe S. 144)

Das Hähnchenfleisch in einer Schüssel mit der Chermoula-Marinade vermischen und abgedeckt im Kühlschrank mind. 1 Std. oder bis zu 24 Std. marinieren.

20 Holzspieße mind. 30 Min. wässern. Hähnchenfleisch aus der Marinade nehmen und auf jeden Spieß 2–3 Stücke stecken, dabei überschüssige Marinade abschütteln. Restliche Marinade entsorgen, da sie aufgrund des rohen Fleischsafts nicht weiterverwendet werden kann.

Eine Pfanne oder Grillplatte leicht einölen und die Hähnchenspieße bei mittlerer Hitze auf jeder Seite etwa 5–6 Min. braten, bis das Fleisch durchgegart und goldbraun ist.

Fertige Hähnchenspieße auf einer Platte anrichten und sofort servieren. Dazu reichen Sie den marokkanischen Gurkensalat und ein Schälchen Chermoula-Dip.

Marokkanischer Gurkensalat

In einer Schüssel 1 gewürfelte Salatgurke mit 400 g halbierten Cocktailtomaten und ½ Rezept Chermoula-Dip (siehe Seite 144) vermischen. Für 6 Personen als Beilage.

Chermoula-Marinade

Eine köstliche Marinade für Fleisch, Geflügel oder Meeresfrüchte. Eine erste Kostprobe sind etwa die würzigen Hähnchenspieße (siehe Seite 142) zusammen mit dem Chermoula-Dip (siehe unten). Er ist so lecker, dass ich ihn auch als Dressing für den marokkanischen Gurkensalat (siehe Seite 142) umfunktioniere oder als warme Sauce für meine arabisch inspirierten Kasbah-Garnelen (siehe Seite 176). Mit den eingelegten Zitronen (siehe Seite 304) können Sie sowohl der Marinade als auch dem Dip noch eine zusätzliche hübsche spritzige Note geben.

Zubereitung: 10 Min.
Ergibt etwa 500 ml

2 Knoblauchzehen, zerdrückt
2 EL fein geriebener frischer Ingwer
1 TL gemahlener Ingwer
¼ TL Cayennepfeffer
2 TL gemahlener Kreuzkümmel
2 TL brauner Zucker
1 TL Salz
Saft und fein abgeriebene Schale von 2 Bio-Zitronen
250 g cremiger Naturjoghurt
8 EL Korianderblätter
2 EL eingelegte Zitronen (siehe S. 304), fein gehackt (nach Belieben)

Alle Zutaten für die Marinade außer den eingelegten Zitronen in die Küchenmaschine oder den Mixer geben und glatt pürieren. Nach Belieben die fein gehackten eingelegten Zitronen unterrühren (die Konsistenz der Marinade gefällt mir besser, wenn die Zitronen nicht mitpüriert werden). Die fertige Chermoula-Marinade hält sich abgedeckt 5–6 Tage im Kühlschrank.

Chermoula-Dip

In einer Schüssel ½ Rezept Chermoula-Marinade (siehe oben) mit 250 g saurer Sahne oder 225 g griechischem Joghurt verrühren. Bis zum Servieren kalt stellen. Ergibt etwa 500 ml.

Frische Zutaten und dazu ein paar nette Leute sind das beste Rezept, miteinander Spaß zu haben. Es geht nicht um kulinarische Verrenkungen.

Zu Hause zu kochen bedeutet auch, in Kontakt zu bleiben mit unserer Familie und unseren Freunden, mit der Natur und unserer eigenen Kreativität.

Gegrillte Lammkeule mit pikanter Würzmischung

Bitten Sie Ihren Metzger, Ihnen für dieses Rezept eine Lammkeule zu entbeinen und schmetterlingsförmig aufzuschneiden. Das Fleisch ist dann ebenmäßig flach und gart schneller und gleichmäßiger. Zu den exotischen, rauchigen Aromen des Lammfleischs passen ganz wunderbar der pikante Joghurt-Dip (siehe Seite 140) und der Couscous mit Gemüse aus dem Ofen (siehe Seite 106).

Zubereitung: 5 Min. +
  Marinieren
Grillen: 40–50 Min. +
  10 Min. Ruhen
Für 6–8 Personen

1 ganze Lammkeule, ausgelöst und schmetterlingsförmig aufgeschnitten

etwa 180 ml pikante Würzmischung (siehe S. 140)

Salz und frisch gemahlener schwarzer Pfeffer

Zum Garnieren
8 EL gehackte Minze oder Koriandergrün

Sichtbares Fett vom Lammfleisch abschneiden und das Fleisch mit der pikanten Würzmischung in einen sauberen Plastikbeutel geben. Würzmischung gleichmäßig im Beutel verteilen, den Beutel verschließen und das Fleisch mind. 2 Std. oder bis zu 48 Std. im Kühlschrank marinieren. Gelegentlich wenden.

Einen Holzkohlegrill auf mittlere bis starke Hitze vorheizen. Fleisch aus dem Beutel nehmen und mit Salz und Pfeffer würzen. Das Lammfleisch auf dem heißen Grill auf jeder Seite etwa 5 Min. nur leicht bräunen.

Fleisch auf dem Grill entweder mit einem großen, sauberen Stein, einem in Alufolie eingewickelten Ziegelstein oder mit einem Backblech beschweren, auf das Sie mehrere schwere Steine oder einen Ziegelstein legen. Die Grilltemperatur reduzieren und das Fleisch auf jeder Seite weitere 15–20 Min. oder bis zu dem von Ihnen gewünschten Gargrad grillen.

Fleisch vom Grill nehmen und abgedeckt 10 Min. ruhen lassen. Anschließend quer zur Faser in Scheiben schneiden und mit Koriander oder Minze bestreut servieren.

Steakstreifen und Salsa, zischend heiß serviert

Nur in einer entspannten Atmosphäre lässt es sich mit Genuss und Freude essen. Ein kompliziertes Gericht, das Ihnen schon während der Zubereitung den Schweiß auf die Stirn treibt, ist wenig geeignet für eine vergnügliche Runde mit Freunden oder der Familie. Dieses hier ist unglaublich einfach, macht aber ganz viel her und lässt sich obendrein gut vorbereiten. Perfekt passen dazu das knusprige Fladenbrot (siehe Seite 18), die knusprigen selbst gemachten Pommes (siehe Seite 91) und der saftige Krautsalat (siehe Seite 92). Anstelle der Rindersteaks eignen sich auch Schweine- oder Hähnchenfleisch.

Zubereitung: 10 Min. + Marinieren
Garen: 3 Min. + 5 Min. Ruhen
Für 6–8 Personen

1,3–1,5 kg Sirloin- oder Rumpsteak
2 TL Kreuzkümmelsamen
1 TL Chilipulver
1 TL gemahlener Kreuzkümmel
1 TL Paprikapulver
½ TL frisch gemahlener schwarzer Pfeffer
½ TL Zucker
½ TL fein gehackte Rosmarinnadeln
3 Knoblauchzehen, geschält
1 TL Salz
2 EL Olivenöl
1 Rezept frische Tomatensalsa (siehe S. 64)

Zum Garnieren
gehacktes Koriandergrün

Steakfleisch in 6–8 Steaks schneiden, jeweils 3 cm dick.

Kreuzkümmelsamen in einer Pfanne ohne Fett rösten, bis sie anfangen zu springen, jedoch darauf achten, dass sie nicht verbrennen! Die gerösteten Samen mit Chilipulver, gemahlenem Kreuzkümmel, Paprikapulver, Pfeffer, Zucker und Rosmarin in eine kleine Schüssel geben. Knoblauch klein schneiden, mit Salz bestreuen und mit der Klinge eines schweren Messers zu einer Paste zerdrücken. Knoblauchpaste unter die Gewürze mischen.

Die Steaks auf beiden Seiten mit der Knoblauch-Gewürz-Mischung einreiben und abgedeckt mind. 30 Min. bei Raumtemperatur oder bis zu 12 Std. im Kühlschrank marinieren.

Öl in einer Pfanne mit schwerem Boden erhitzen und die Steaks bei starker Hitze auf jeder Seite 1½ Min. braten. Sie sollten anschließend innen noch rare, also rot und blutig sein. Steaks aus der Pfanne nehmen und auf einem Schneidebrett 5 Min. ruhen lassen.

Sichtbares Fett von den Steaks abschneiden, dann das Fleisch quer zur Faser in jeweils 5–6 Scheiben schneiden, dabei den austretenden Fleischsaft auffangen. Steakstreifen und Fleischsaft in eine Schüssel geben und mit der Hälfte der Tomatensalsa vermischen.

Eine Gusseisenpfanne auf größtmögliche Hitze stellen. Wenn sie glühend heiß ist, den Steak-Salsa-Mix hineingeben, mit gehacktem Koriander bestreuen und zischend heiß in der Pfanne sofort zu Tisch bringen. Restliche Tomatensalsa dazu reichen.

Rindersteaks mit Pilzsauce

Pilze sind geschmacklich ein kongenialer Partner von Steaks, die in diesem Rezept ohne das übliche Trara, das um sie gemacht wird, zubereitet werden. Einen Teil der Arbeit können Sie zudem bereits am Vortag erledigen – nämlich das Anbraten des Fleischs und die Zubereitung der Sauce, die sich problemlos wieder aufwärmen lässt. Die angebratenen Steaks kalt stellen und vor der Fertigstellung im Backofen 20 Minuten Raumtemperatur annehmen lassen. Allerdings: Nur Steaks von gut abgehangenem Fleisch garantieren maximale Zartheit und Geschmack.

Zubereitung: 10 Min. +
  Einweichen
Garen: 20 Min. +
  5 Min. Ruhen
Für 6 Personen

6 gut abgehangene Rindersteaks (z. B. Sirloin), je 4 cm dick
Salz und frisch gemahlener schwarzer Pfeffer
6 TL Butter
12 getrocknete Pilzscheiben (z. B. Steinpilze oder Shiitake)
125 ml Port-, Rotwein oder Wasser
500 g frische Wildpilze oder Riesenchampignons (Portobello), in Scheiben geschnitten
2 große Knoblauchzehen, in dünne Scheiben geschnitten
500 ml hochwertige Rinderbrühe
1 EL Speisestärke, mit 2 EL Wasser glatt gerührt

Zum Garnieren
Koriandergrün

Zum Servieren
Kartoffelgratin mit Gruyère und Knoblauch (siehe S. 88)
grüne Bohnen mit Zitrone (siehe S. 68)

Steaks salzen und pfeffern und rundherum fest mit Küchengarn umbinden (tournieren), damit sie beim Braten ihre Form behalten. Je 1 TL Butter auf die Steaks setzen. Eine Pfanne bei starker Hitze sehr heiß werden lassen und die Steaks darin mit der Butterseite nach unten 1 Min. braten. Wenden und die andere Seite ebenfalls 1 Min. braten. Die Steaks sollen nur angebräunt werden.

Steaks aus der Pfanne nehmen und auf ein mit Backpapier belegtes Backblech setzen. Bis zu diesem Schritt kann das Fleisch einen Tag im Voraus zubereitet und kalt gestellt werden.

Getrocknete Pilze in einer Schüssel im Port, Rotwein oder Wasser mind. 15 Min. einweichen.

Kurz vor dem Servieren den Backofen auf 200 °C vorheizen. Steaks bei Bedarf aus dem Kühlschrank nehmen und 20 Min. Raumtemperatur annehmen lassen. Frische Pilzscheiben in der zuvor benutzten Steakpfanne unter häufigem Rühren 5–10 Min. braten, bis sie leicht gebräunt sind und in der Pfanne kaum noch Fett ist.

Knoblauchscheiben einige Sekunden mitbraten, dann die Pilze mitsamt der Einweichflüssigkeit dazugeben und mit der Rinderbrühe aufgießen. Mit Salz und Pfeffer würzen und alles 5 Min. köcheln lassen. Die Speisestärke unterrühren und 1–2 Min. weiterköcheln.

Wenn die Sauce fast fertig ist, die raumtemperierten Steaks im vorgeheizten Backofen in 5–7 Min. oder nach gewünschtem Gargrad fertig braten. Herausnehmen und 5 Min. ruhen lassen. Steaks auf Tellern anrichten, jeweils etwas heiße Pilzsauce darüberlöffeln und mit den Beilagen servieren. Restliche Pilzsauce separat dazu reichen.

Rindfleischsalat im Thai-Stil

Dieser Salat schmeckt auch raumtemperiert sehr gut, was praktisch für eine Essenseinladung ist, da beim Eintreffen der Gäste niemand mehr in der Küche herumwerkeln muss. Wenn Sie den Salat also im Voraus zubereiten wollen, sollten Gemüse und Kräuter entsprechend vorbereitet und abgedeckt kalt gestellt, und das Steakfleisch eine Stunde vor dem Servieren gebraten werden. Kurz vor dem Servieren müssen Sie dann nur noch die Salatzutaten vermischen.

Zubereitung: 10 Min.
Garen: 4–6 Min. +
 5 Min. Ruhen
Für 6 Personen

4–6 dicke Rindersteaks (z. B. Sirloin- oder Rumpsteak), je 150–200 g
einige Spritzer Fischsauce (Nam pla aus dem Asienladen)
Salz und frisch gemahlener schwarzer Pfeffer
1 EL Öl
3 Mini-Gurken oder 1 Salatgurke, in kleine Stäbchen geschnitten
1 kleine rote Zwiebel, halbiert und in feine Ringe geschnitten
4 Frühlingszwiebeln, in feine Scheiben geschnitten
24 Cocktailtomaten, halbiert
40 Minzeblätter, zerpflückt
4 EL Korianderblätter, gehackt
160 ml Chili-Gelee (siehe S. 128)
4 EL frisch gepresster Limettensaft

Die Steaks mit ein wenig Fischsauce einreiben, salzen und pfeffern. Öl in einer großen Pfanne erhitzen und die Steaks darin auf jeder Seite 2–3 Min. oder bis zum gewünschten Gargrad braten.

Fleisch aus der Pfanne nehmen und 5 Min. ruhen lassen, anschließend quer zur Faser in dünne Scheiben schneiden und dabei den Fleischsaft auffangen. Sollten Sie den Salat im Voraus zubereiten, die Steaks erst kurz vor dem Servieren aufschneiden.

Steakscheiben und Fleischsaft in einer Servierschüssel mit Gurken, Zwiebelringen, Frühlingszwiebeln, Tomaten und Kräutern vermischen.

Chili-Gelee mit dem Limettensaft verrühren und den Salat damit anmachen. Soll er als Hauptgericht serviert werden, passen als Beilagen gedämpfter Reis oder die Nudeln mit grünen Bohnen und Erdnüssen (siehe Seite 50).

Variante

Sollten Sie kein Chili-Gelee vorrätig haben, ersetzen Sie es mit der gleichen Menge süßer Chilisauce, in die Sie die fein abgeriebene Schale von 2 Bio-Limetten und 2 TL Fischsauce (Nam pla) unterrühren.

Schweinekrustenbraten in Milch

Für eine herrlich knusprige Schwarte muss diese gründlich trocken getupft werden. Anschließend brät man sie im heißen Backofen kross, bevor das Fleisch dann in weiteren eineinhalb Stunden in einem Milchbad gegart wird, was es saftig und zart macht. Diese traditionelle italienische Zubereitungsweise für einen Schweinebraten habe ich aus den Kochbüchern der berühmten Elizabeth David gelernt.

Zubereitung: 5 Min.
Garen: 2 Std.
Für 6 Personen

1–1,2 kg durchwachsener Schweinebauch mit Schwarte
frisch gemahlener schwarzer Pfeffer
1 TL Salz
2–3 Salbeiblätter
500–625 ml Milch

Zum Servieren
geröstete neue Kartoffeln mit Thymian (siehe S. 91)
grüne Bohnen mit Zitrone (siehe S. 68)
Pesto von gerösteten Paprikaschoten (siehe S. 80)

Den Backofen auf 240 °C vorheizen. Die Schwarte des Schweinebauchs kreuzweise einschneiden, anschließend gut trocken tupfen. Die Fleischseite mit Pfeffer und ½ TL Salz würzen. Salbeiblätter auf dem Boden eines Bräters auslegen (verwenden Sie keine Bratform aus Glas, denn sie könnte beim Angießen der Milch springen), den Braten mit der Schwarte nach oben auf die Kräuter setzen und die Schwarte mit dem restlichen Salz würzen.

Fleisch bei 240 °C 20–30 Min. braten, bis die Schwarte Blasen wirft und kross wird. Darauf achten, dass sie nicht verbrennt.

Die Milch um das Fleisch herum angießen, bis der Braten zur Hälfte oder zu zwei Dritteln im Milchbad liegt. Die Ofentemperatur auf 160 °C reduzieren und das Fleisch weitere 1½ Std. garen, bis es butterweich ist. In dieser Zeit gelegentlich den Flüssigkeitsstand prüfen und bei Bedarf weitere Milch zugießen.

Form aus dem Backofen nehmen, Schweinebraten herausheben und etwas abkühlen lassen. Die restliche Milch, die zu Klümpchen verkocht ist, weggießen.

Zum Tranchieren den Braten mit der Fleischseite nach oben auf ein Schneidebrett legen und mit einem schweren scharfen Messer in etwa 3–4 cm dicke Scheiben schneiden. Warm oder raumtemperiert servieren und dazu geröstete neue Kartoffeln mit Thymian, grüne Bohnen mit Zitrone und Pesto von gerösteten Paprikaschoten servieren.

Gebratener Schweinerücken mit Fenchel, Zwiebeln und Äpfeln

Gerichte, die man im Voraus zubereiten und beim Garen mehr oder weniger sich selbst überlassen kann, üben auf mich eine große Anziehungskraft aus. Für dieses Rezept eignet sich jede Art von Schweinebraten oder auch ein ganzes Hähnchen (siehe unten). Sollten Sie wie hier Schweinerücken verwenden, bitten Sie Ihren Metzger, die Schwarte kreuzweise einzuschneiden, die Knochen freizuschaben und etwas einzukürzen.

Zubereitung: 15 Min.
Garen: etwa 2 Std.
Für 6–8 Personen

1 Kotelettstrang (etwa 2,5 kg oder 9–10 Koteletts), die Schwarte leicht eingeschnitten

1 TL Fenchelsamen

Salz und frisch gemahlener schwarzer Pfeffer

2 rote Zwiebeln, geschält, in dünne Spalten geschnitten

2 Äpfel oder Birnen, Kerngehäuse entfernt, in dünne Spalten geschnitten

1 Fenchelknolle, fein gehobelt (nach Belieben)

4–5 Lorbeerblätter

500 ml Verjus (siehe S. 287) oder Weißwein

Zum Servieren
sahnige Polenta (siehe S. 105)

Den Backofen auf 240 °C vorheizen. Die Schwarte des Kotelettstrangs mit Küchenpapier gut trocken tupfen. Fenchelsamen fein zerstoßen oder mahlen und das Fleisch (nicht die Schwarte) damit einreiben. Mit Salz und Pfeffer würzen.

Zwiebeln, Äpfel oder Birnen und nach Belieben die Fenchelknolle in einem großen Bräter verteilen und die Lorbeerblätter darauflegen. Fleisch mit der Schwarte nach oben daraufsetzen und rundherum Verjus oder Weißwein angießen. Dabei nicht die Schwarte befeuchten, da sie trocken sein muss, um kross zu werden. Freiliegende Knochen bei Bedarf mit Alufolie umwickeln, damit sie nicht bräunen.

Den Braten bei 240 °C 25 Min. im Backofen garen, bis die Schwarte Blasen wirft und knusprig wird. Darauf achten, dass sie nicht verbrennt. Dann die Temperatur auf 160 °C reduzieren und den Braten 1½ Std. weitergaren. In dieser Zeit gelegentlich prüfen, ob noch ausreichend Flüssigkeit im Bräter ist und bei Bedarf etwas Wasser zugießen. Am Ende der Garzeit sollte so viel Bratensaft vorhanden sein, dass er als Sauce zum Fleisch serviert werden kann.

Braten aus dem Ofen nehmen, gegebenenfalls die Alufolie entfernen, und vor dem Tranchieren 5 Min. ruhen lassen. Den Schweinerücken zwischen den Knochen in einzelne Koteletts schneiden und die Koteletts jeweils auf einem Bett sahniger Polenta zusammen mit den gegarten Zwiebeln, Äpfeln oder Birnen und dem Fenchel servieren. Über jedes Kotelett etwas Bratensaft löffeln.

Gebratenes Hähnchen mit Fenchel, Zwiebeln und Äpfeln

Anstelle des Schweinerückens (siehe oben) 2 ganze Hähnchen auf das Gemüse und Obst in den Bräter legen, Verjus (siehe Seite 287) rundherum angießen und die Hähnchen bei 200 °C 1 Std. im Backofen braten. Anschließend die Temperatur auf 180 °C reduzieren und 20–30 Min. weitergaren. Für 6–8 Personen.

Zypriotische Shepherd's Pie

Der typisch englische Auflauf gehört zu jenen Gerichten, die sowohl Kinder als auch Erwachsene gern mögen. In diesem Rezept mache ich dazu auch noch Anleihen bei der Küche Zyperns durch die Zugabe von Kreuzkümmel, Zimt und Ingwer. Shepherd's Pie ist das perfekte Essen unter der Woche, da sie so wunderbar im Voraus zubereitet und erst kurz vor dem Servieren zu goldener Perfektion gebacken werden kann. Anstelle des Pastinaken-Möhren-Pürees (siehe Seite 96) können Sie als Belag auch Kartoffelpüree verwenden, was geschmacklich aber weniger aufregend ist.

Zubereitung: 20 Min.
Garen: etwa 1 Std.
Für 4 Personen

3 EL Öl
600 g mageres Hackfleisch vom Lamm
Salz und frisch gemahlener schwarzer Pfeffer
1 große Zwiebel, fein gewürfelt
2 Knoblauchzehen, zerdrückt
1 EL frisch geriebener Ingwer
2 TL gemahlener Kreuzkümmel
½ TL gemahlener Zimt
2 EL Tomatenmark
1 große Möhre, grob geraspelt
400 g Tomaten aus der Dose
750 ml Gemüsebrühe
1 TL gehackte Rosmarinnadeln
8 EL fein gehackte Blätter glatter Petersilie
1 Rezept Pastinaken-Möhren-Püree (siehe S. 96)

In einer großen Pfanne die Hälfte des Öls auf hoher Stufe erhitzen. Hackfleisch salzen und pfeffern und in zwei Portionen nacheinander in der Pfanne gut bräunen. Fleisch herausnehmen und beiseitestellen, in der Pfanne verbliebenes Öl abgießen. Die übrigen 1½ EL Öl hineingeben und die Zwiebelwürfel zusammen mit Knoblauch, Ingwer, Kreuzkümmel und Zimt bei mittlerer Hitze in 6–7 Min. weich dünsten.

Tomatenmark zufügen und unter Rühren 1–2 Min. erhitzen. Angebratenes Hackfleisch, Möhre, Dosentomaten, Brühe und Rosmarin dazugeben und die Zutaten etwa 30 Min. köcheln lassen, bis sie zu einem dicken Fleischragout eingekocht sind, dabei den Bratensatz am Pfannenboden losschaben.

Petersilie unterrühren und das Ragout mit Salz und Pfeffer abschmecken. Ragout in eine Auflaufform umfüllen und das Pastinaken-Möhren-Püree darauf verstreichen. Wenn Sie die Pie im Voraus zubereiten, die Form abdecken und kühl stellen.

Vor dem Servieren den Backofen auf 200 °C vorheizen und die Shepherd's Pie etwa 30–40 Min. darin backen, bis das Püree auf der Oberseite goldbraun ist und das Ragout durch und durch heiß ist. In der Form servieren und gedämpftes Gemüse dazu reichen.

Geschmorter Ochsenschwanz mit Sternanis

Ich bin mir sicher, dass Ihnen dieses Gericht gefallen wird. Asiatische Geschmacksnoten verbinden sich mit den Aromen von Tomaten und Orangen und verleihen dem Ochsenschwanz nicht nur eine besondere würzige Note, sondern auch einen schönen, satten dunklen Farbton. Es ist eines dieser wunderbaren Fleischgerichte, die im Handumdrehen zubereitet sind und dann über Stunden langsam vor sich hin schmoren, bis das Fleisch butterweich ist. Einen Tag im Voraus zubereitet, schmeckt es fast noch besser. Mit Stücken von der Lammhaxe oder mit Rinderschmorfleisch (nehmen Sie etwa 1,5 kg und schneiden Sie es in mundgerechte Stücke) gelingt das Rezept ebenso. Eignet sich auch gut zum Einfrieren.

Zubereitung: 10 Min.
Garen: 3 Std.
Für 6 Personen

18–22 Stücke (2–2,4 kg) Ochsenschwanz oder Rinderhachse

Salz und frisch gemahlener schwarzer Pfeffer

500 ml Tomatensaft

1 EL brauner Zucker

2 EL Reisweinessig

80 ml Sojasauce

4 ganze Sternanise

4 getrocknete Chilischoten

2 daumengroße Stücke frischer Ingwer, geschält, in 18 feine Scheiben geschnitten

Schale von ½ Bio-Orange, mit einem Sparschäler ohne weiße Innenhaut abgezogen

1 Knoblauchknolle, die einzelnen Zehen geschält und halbiert

Zum Servieren

1 Rezept Pastinaken-Möhren-Püree (siehe S. 96)

1 Rezept Pak Choi mit Ingwer (siehe S. 102)

Den Backofen auf 220 °C vorheizen. Eine große Bratform mit Backpapier auslegen, dann lässt sie sich später besser reinigen. Fleischstücke mit Salz und Pfeffer würzen und in einer Lage in der Form verteilen. Im Backofen 30 Min. rösten, bis sie schön gebräunt sind.

Fleischstücke aus der Form nehmen und ohne das ausgelassene Fett in eine ofenfeste Kasserolle mit fest sitzendem Deckel geben. In einer Schüssel den Tomatensaft mit 500 ml Wasser, Zucker, Essig und Sojasauce verrühren. Sternanise, Chilischoten, Ingwer, Orangenschale und Knoblauch hinzufügen.

Die Tomaten-Würzsauce über die gebräunten Fleischstücke gießen, anschließend das Fleisch mit einem Bogen Backpapier abdecken, damit Stücke, die nicht mit Sauce bedeckt sind, beim Schmoren im Ofen nicht austrocknen. Die Kasserolle verschließen und in den Backofen schieben. Ofentemperatur auf 180 °C reduzieren und das Fleisch 2½ Std. schmoren lassen, bis es ganz weich ist. Wenn Sie das Gericht einen oder zwei Tage im Voraus zubereiten, dann wird das Fleisch nur 2 Std. im Ofen geschmort und vor dem Servieren bei 180 °C in 40 Min. fertig gegart.

Als Beilage das Pastinaken-Möhren-Püree und den Pak Choi servieren.

Lammkronen mit Salsa verde

Lammkronen sind ein eher teurer Genuss, deshalb habe ich in diesem Rezept alles darangesetzt, dass bei der Zubereitung nichts schiefgeht. Am wichtigsten ist, dass der Backofen wirklich heiß ist, bevor Sie das Fleisch hineingeben. Und genauso wichtig ist, dass Sie es anschließend etwa so lange ruhen lassen wie es gebraten wurde. Mit Alufolie und Küchentüchern abgedeckt, wird es währenddessen warm gehalten, bevor Sie das gleichmäßig gegarte, herrlich saftige Fleisch in einzelne Koteletts zerteilen.

Zubereitung: 20 Min. + Marinieren
Garen: 16–20 Min. + Ruhen
Für 6 Personen

3 küchenfertige Lammkronen oder 6 Lammrückensteaks oder 3–4 Lammsteaks aus der Keule oder Hüfte
4 EL Salsa verde (siehe S. 60)
Meersalzflocken und frisch gemahlener schwarzer Pfeffer

Zum Servieren
Püree von Dicken Bohnen mit Minze und Parmesan (siehe S. 73)
eine Extraportion Salsa verde (siehe S. 60)

Das Lammfleisch auf allen Seiten mit Salsa verde einreiben und mit Salz und Pfeffer würzen. Zugedeckt 30 Min. marinieren oder bis zu 12 Std. im Kühlschrank. Gekühltes Lammfleisch 30 Min. vor dem Garen Raumtemperatur annehmen lassen.

Den Backofen auf 230 °C vorheizen. Lammfleisch auf einem Bratblech oder in einer schweren Gusseisenform 16–20 Min. oder bis zum gewünschten Gargrad im Backofen braten. Blech oder Form aus dem Ofen nehmen, mit Alufolie abdecken und mit einigen Küchentüchern zudecken. Das Lammfleisch 10–15 Min. ruhen lassen.

Lammkronen zwischen den Knochen in einzelne Koteletts zerteilen, die Koteletts auf dem Bohnenpüree anrichten und mit zusätzlicher Salsa verde servieren.

Jakobsmuscheln auf Spargel-
Zuckerschoten-Salat
mit Zitrus-Chili-Dressing

∾

Lammkronen mit Salsa verde
Püree von Dicken Bohnen
mit Minze und Parmesan
Langsam geschmorte rote Zwiebeln

∾

Rhabarber-Beeren-Crumbles

Aus See und Meer

Fische und Meeresfrüchte – diese glitzernden Trophäen aus den Tiefen des Wassers, die vollendeten Genuss schenken.

Großvater Put nahm uns Kinder oft zum Fischen mit. Er schien immer zu wissen, wo sie anbeißen würden, und ich kann mich noch gut an den kindlichen Triumph erinnern, einen Fang an Land gezogen zu haben. Es fasziniert mich auch heute noch: Man wirft die Leine aus und hat mit etwas Glück sein Abendessen am Haken.

Zu den vielen Freuden, die die spektakulären Fjorde der neuseeländischen Südwestküste bereithalten, gehört auch die Aufregung, wenn man eine Krebsreuse an Land zieht und drei gigantische Krebse darin findet. Von Queenstown aus fährt man etwa eine Stunde mit dem Motorrad die atemberaubende Strecke über die Berge zum Breaksea Sound. Es gibt keine Straßen dorthin; die jungfräuliche Natur in dieser entlegenen Gegend ist so schön, dass man sich fast wie in einer anderen Welt vorkommt.

Als wir im Breaksea Sound ablegten, holte mein Freund Greg Hay, der Skipper, seine Karte heraus, auf der die besten Plätze für Barsche und Kabeljau, für Krebse, Jakobs-, Paua- und Miesmuscheln eingezeichnet waren sowie die Gebiete, durch die der Gelbflossenthun im Herbst zieht.

Wenn man bedenkt, dass dies einer der nassesten Flecken auf Erden ist, wo oft Stürme aus der Antarktis wüten, waren der blaue Himmel und die kristallklare See an diesem Tag ein echtes Geschenk. Kontaktfreudige Delfine begleiteten unser Schiff und sprangen wie in einer Show im Aquarium immer wieder aus dem Wasser.

Die steilen Fjorde bieten zahlreiche geschützte Ankerplätze, die seit Langem Seeleute anziehen. Fiordland wurde dadurch zu einem Gebiet früher wissenschaftlicher Forschungen. Captain Cook verbrachte auf seiner zweiten Neuseelandreise im Herbst 1773 sechs Wochen im Dusky Sound, kartografierte die Gewässer, füllte Vorräte auf und sammelte Exemplare von Flora und Fauna.

Viel scheint sich seitdem nicht verändert zu haben. Natürlich haben inzwischen Walfänger und Seehundjäger ihren Tribut gefordert, und auch die kommerzielle Fischerei macht sich durch verringerte Bestände bemerkbar – und doch sind die Sounds immer noch so abgelegen, dass es Fische in Hülle und Fülle gibt.

Während die Welt durch abnehmende Ressourcen und einen verheerenden Verlust an Artenvielfalt vor riesigen Herausforderungen steht, ist Fiordland ein heimliches Paradies geblieben. Das Wasser wimmelt vor Leben: Es gibt 150 bekannte Fischarten, und fast jede Köstlichkeit des Meeres ist im Überfluss vorhanden. Ich fing anfangs vor allem kleine Fische, die man als Köder verwendet, doch dann zog auch ich meinen ersten anständigen Kabeljau an Bord.

Selbst die Ende des 18. Jahrhunderts von Pelzjägern vernichteten Seehundkolonien beginnen sich zu erholen, und man kann hoffen, dass eine kluge Regulierung der Fischerei vor Neuseeland die Gefahr kommerzieller Überfischung reduziert und auch in Zukunft einen nachhaltigen Fang ermöglicht. Gelegenheitsangler wie wir müssen ja nur den Eigenbedarf decken und offen sein für Neues, statt immer nur beim Altbekannten zu bleiben.

Es wäre wunderbar, wenn auch unsere Enkel und Urenkel eines Tages hierher (und zu anderen Fischgründen rund um die Welt) kommen könnten, um wie wir die Wildnis zu bewundern und mit derselben Freude die Angel auszuwerfen und sich einen Fisch zu fangen. Deshalb müssen wir beim Einkaufen darauf achten, nur Fische zu kaufen, deren Bestände nicht gefährdet sind und die aus nachhaltiger Fischerei stammen.

Reispapierröllchen mit Garnelen und Minze

Sie sehen einfach hübsch aus, diese Reispapierröllchen, und es gibt kaum etwas Einfacheres und Preiswerteres als sie. Auf keinen Fall sparen sollten Sie an der Minze, sie bringt die entscheidende Finesse ins Spiel. Die Füllung schmeckt übrigens auch als Salat sehr gut.

Zubereitung: 30 Min.
Für 8–10 Personen

100 g Glasnudeln oder dünne Reisnudeln (Asienladen)
½ großer Kopf Eisbergsalat
½ TL Zucker
1 große Möhre, geschält, grob geraspelt
200 g gegarte geschälte Garnelen, gehackt
60–70 Minzeblätter, klein zerpflückt
3 EL gehackte Korianderblätter
30 kleine oder 20 große runde Reispapierblätter (Asienladen)

Zum Garnieren
75 g geröstete Erdnusskerne, gehackt (nach Belieben)

In einer Schüssel die Nudeln mit kochendem Wasser bedecken und 5 Min. quellen lassen. Nudeln abgießen und abtropfen lassen, anschließend mit einer Küchenschere in kleinere Stücke schneiden.

Eisbergsalat in sehr feine Streifen schneiden und in einer Rührschüssel mit Zucker, Möhre, gehackten Garnelen, Minze und Koriander vermengen. Die Nudeln untermischen.

Ein sauberes Küchentuch anfeuchten und die Arbeitsfläche damit belegen. Eine Schüssel mit lauwarmem Wasser füllen. Die Reispapierblätter jeweils einzeln ein paar Sekunden ins Wasser tauchen (aber nicht einweichen, sonst werden sie zu klebrig), behutsam herausheben und flach auf das feuchte Küchentuch legen. Etwa 1 Min. warten, bis das Blatt weich, biegsam und geschmeidig ist und sich leicht wellt. Erst dann weiterverarbeiten, denn sonst reißt es.

1 kleine Handvoll der Garnelenfüllung jeweils in der Mitte des Papiers verteilen. Mit angefeuchteten Händen (so bleiben sie nicht am Papier kleben) die beiden seitlichen Blattränder und den unteren Blattrand über die Füllung schlagen, anschließend das Reispapier fest, aber nicht zu straff aufrollen. Fertige Rollen mit der Nahtseite nach unten nebeneinander auf eine Servierplatte legen und mit feuchtem Küchenpapier abdecken. Die Reispapierrollen können so auch bis zu 24 Std. im Kühlschrank aufbewahrt werden. Nach Belieben mit Erdnüssen bestreut und mit der Chili-Limetten-Sauce zum Dippen (siehe unten) servieren.

Variante

Anstelle der Garnelen 2 Mini-Gurken und 60 g Bohnensprossen verwenden. Die Gurken dafür entkernen und in dicke Streichholzstifte schneiden. Oder 200 g gegartes, in Streifen gezupftes Hähnchenfleisch statt der Garnelen nehmen.

Chili-Limetten-Sauce zum Dippen

500 ml süße Chilisauce, Saft und fein abgeriebene Schale von 4 Bio-Limetten, 3 TL Fischsauce (Nam pla aus dem Asienladen) und die sehr fein gehackten hellen Abschnitte von 1 Frühlingszwiebel in ein Schraubglas füllen. Das Glas verschließen und kräftig schütteln, bis sich die Zutaten verbunden haben. Die Sauce hält sich bis zu 4 Wochen im Kühlschrank. Ergibt etwa 625 ml.

Arabisch inspirierte Kasbah-Garnelen

Wie vielseitig einsetzbar mein Chermoula-Dip (siehe Seite 144) ist, zeigt auch dieses Gericht, das zudem im Nu zubereitet ist und darüber hinaus einfach fantastisch schmeckt. Statt Garnelen können Sie auch jede andere Art von Meeresfrüchten verwenden.

Zubereitung: 5 Min.
Garen: 2 Min.
Für 4 Personen als Vorspeise, für 2 Personen als Hauptgericht

18–24 große rohe geschälte Garnelenschwänze
Salz und frisch gemahlener schwarzer Pfeffer
1 EL Olivenöl
250 ml Chermoula-Dip (siehe S. 144)

Zum Servieren
2 EL gehackte Korianderblätter
Limettenspalten

Garnelen mit Salz und Pfeffer würzen. Öl in einer großen Pfanne erhitzen und die Garnelen darin auf hoher Stufe etwa 2 Min. braten, bis sie rosa werden. Chermoula-Dip unterrühren und etwa 1 Min. mitbraten. Die heißen Garnelen mit Koriander bestreut sofort servieren und die Limettenspalten zum Beträufeln dazu reichen.

Caesar-Salat mit Flusskrebsen

～

Fangfrischer Fisch vom Grill
mit Chili-Limetten-Salz
Gebutterte Vollkornbrotscheiben

～

Gegrillte Sommerfrüchte und
Feigen mit Portweinsirup
Schokoladenterrine mit
Cranberrys und Pistazien

Whitebait Fritters

Die im Teig ausgebackenen winzig kleinen, durchsichtigen Jungfische (Whitebait) sind eine sehr beliebte Spezialität bei uns. Sie sind sozusagen die »Meefischli« Neuseelands. Für den Teig verwende ich kein Mehl, da es meiner Meinung nach den feinen Geschmack der Fische überdeckt. Etwas Zitronensaft im Teig hingegen unterstreicht ihr Aroma

Zubereitung: 5 Min.
Garen: 2–4 Min.
Ergibt 24 kleine Küchlein

2 Eier
200 g Whitebait (Jungfische), ersatzweise klein geschnittener Räucherlachs
1 EL frisch gepresster Zitronensaft
Salz und frisch gemahlener schwarzer Pfeffer

Zum Ausbacken
Butter

Zum Servieren
Zitronenspalten
Meerrettichcreme
(siehe unten)

In einer Rührschüssel die Eier leicht verquirlen. Fische, Zitronensaft sowie Salz und Pfeffer nach Geschmack unterrühren.

In einer Pfanne mit schwerem Boden so viel Butter bei starker Hitze zerlassen, dass der Pfannenboden davon bedeckt ist. Sobald die Butter schäumt und nussig braun wird, mit einem Löffel kleine Portionen der Whitebait-Mischung hineingeben und auf jeder Seite 1–2 Min. braten, bis das Ei fest geworden ist und die Fischküchlein leicht goldbraun sind.

Auf diese Weise die restliche Whitebait-Mischung portionsweise ebenso zu Küchlein verarbeiten, dabei zwischen den einzelnen Durchgängen die Pfanne immer wieder buttern. Die Whitbait Fritters warm oder bei Raumtemperatur mit Zitronenspalten und der Meerrettichcreme servieren.

Meerrettichcreme

Diese Creme ist ein leckerer Dip zu jeder Art von Meeresfrüchten. In einer Schüssel 250 g saure Sahne mit 2 EL Meerrettich, 1 TL frisch gepresstem Zitronensaft, 2 EL gehackten Kapern und 1 EL fein gehackten Dillspitzen, glatten Petersilienblättern oder Schittlauchröllchen verrühren. Mit etwas Salz und frisch gemahlenem schwarzem Pfeffer abschmecken. Die Meerrettichcreme lässt sich in einem verschlossenen Behälter etwa eine Woche im Kühlschrank aufbewahren. Ergibt gut 300 ml.

Neuseelands weißes Gold

Drei Monate im Jahr herrscht für eine bestimmte Sorte Fischer in Neuseeland Ausnahmezustand: Dann gehen die »Baiter« auf Fang nach den winzig kleinen, hellen Jungfischen, die Whitebait genannt werden. Scharenweise schwimmen diese Fischchen im Spätsommer und Herbst die Wasserläufe stromaufwärts, um zu laichen.

Man kann »Baiter« mit Goldgräbern vergleichen. Beide brauchen viel Optimismus, dürfen sich vor schlechtem Wetter nicht scheuen und müssen bereit sein, in der Wildnis mit primitivsten Mitteln durchzuhalten, immer in der Hoffnung auf den großen Fund. Mit Glück kann ein »Baiter« viel Geld verdienen und braucht dafür kaum mehr als ein Netz. Wegen der hohen Preise und der silbrig hellen Farbe nennt man Whitebait auch das »weiße Gold«.

Am letzten Tag der Saison hatte ich Gelegenheit, die »Baiter« Charlie und Carol Boulton zu begleiten, die an der Westküste der Südinsel unterwegs waren. Bis dahin hatte es kaum große Fänge gegeben (wobei kein »Baiter« es jemals zugeben würde, wenn er den Jackpot geknackt hätte), doch wer sich einmal darauf eingelassen hat, fischt unverdrossen von früh bis spät, bei Regen oder Sonnenschein, praktisch jeden Tag.

Für uns Kiwis ist Whitebait eine Delikatesse ersten Ranges, schon fast ein Nationalheiligtum, für das wir viel Geld zu zahlen bereit sind. Man fängt diese Fische zwar auch in Chile, Argentinien, Nordamerika, China, Japan, Holland, Nordafrika und den Philippinen, doch im Vergleich zu uns geht es dort nur um geringe Mengen. Nur hier in Neuseeland ist die Whitebait-Saison ein festes Datum im Kalender, dem viel Pioniergeist und Leidenschaft gewidmet wird.

Fünf Arten der Familie der Galaxiidae gilt die Jagd, am häufigsten dem Inanga (*Galaxias maculatus*). Alle sind etwa so lang wie ein kleiner Finger und haben einen unverfälschten, überaus feinen Geschmack. Menschen, die häufig Whitebait essen, behaupten, dass die etwas milchigere Spezies namens Kaora (*Galaxias brevipinnis*) aromatischer ist – doch unabhängig von der Art schmeckt Whitebait immer unvergleichlich. Ein Feinschmecker, der diese Fische einmal gekostet hat, bleibt ihnen ein Leben lang verfallen.

Doppelt gebackene Whitebait-Soufflés

Die Technik des Zweimalbackens ist die Ausnahme von der Regel, dass Soufflés nach dem Backen sofort serviert werden müssen, da sie sonst zusammenfallen. Hier werden die Soufflés zunächst vorgebacken und können dann bis zu zwei Tage im Kühlschrank aufbewahrt werden, bevor man sie – mit Sahne beträufelt, was sie erneut aufgehen lässt – fertig gart. Entgegen vieler Rezeptempfehlungen, die Soufflés beim zweiten Durchgang nicht in ihren Förmchen zu backen, habe ich damit gute Erfahrungen gemacht.

Zubereitung: 15 Min.
Backen: 15–20 Min. für den ersten Backdurchgang + 12–15 Min. für den zweiten Backdurchgang
Für 6 Personen

50 g Butter, plus Butter für die Souffléförmchen
75 g Mehl
435 ml Milch
1 Prise frisch gemahlene Muskatnuss
Salz
weißer Pfeffer
fein abgeriebene Schale von 1 Bio-Zitrone
4 EL frisch gepresster Zitronensaft
5 Eier, in Eigelb und Eiweiß getrennt
200–250 g Whitebaits (Jungfische) oder klein geschnittener Räucherlachs
2 EL fein gehackte weiche Kräuter wie Schnittlauch, Basilikum oder glatte Petersilie

Zum Fertigstellen
6 EL Sahne

Den Backofen auf 180 °C vorheizen. Sechs Souffléförmchen (je 250 ml Inhalt) großzügig mit Butter einfetten und kalt stellen.

In einem mittelgroßen Topf 50 g Butter schmelzen lassen, bis sie aufschäumt, aber keine Farbe annimmt. Das Mehl dazugeben und unter ständigem Rühren 2 Min. anschwitzen, bis die Mischung glatt ist. Milch, Muskatnuss, 1 TL Salz, großzügig weißen Pfeffer und die Zitronenschale mit einem Schneebesen einarbeiten und die Masse unter ständigem Rühren zum Kochen bringen, bis sie sehr dick ist.

Zitronensaft zugießen und Weiterschlagen, bis die Mischung wieder glatt ist. Den Topf vom Herd nehmen und nacheinander die Eigelbe jeweils vollständig unterschlagen. Mit Salz und Pfeffer sehr würzig abschmecken. Whitebait oder Lachs und die Kräuter unterziehen.

Die Eiweiße in einer sauberen, trockenen und fettfreien Schüssel zu Eischnee schlagen, bis weiche Spitzen stehen bleiben. ¼ des Eischnees gründlich unter die Soufflémasse rühren, anschließend den restlichen Eischnee behutsam unterheben.

Die gebutterten Förmchen bis zum Rand mit der Soufflémasse füllen und mit dem Daumen rundherum am Rand entlang in die Masse eine Vertiefung ziehen, damit sie beim Backen schön aufgeht. Die Förmchen in eine tiefe Bratform stellen und kochendes Wasser in die Form gießen, bis die Förmchen bis zur Hälfte im Wasser stehen. Im Wasserbad backen die Soufflés gleichmäßiger. Bratform in den Backofen schieben und die Soufflés etwa 15–20 Min. backen, bis sie leicht aufgegangen, auf der Oberseite gebräunt und in der Mitte eben fest geworden sind. (Sie können die Soufflés jetzt auch gleich fertig backen, indem Sie sie weitere 5–10 Min. im Ofen lassen.)

Werden die Soufflés erst später serviert, Förmchen aus dem Wasserbad nehmen und abkühlen lassen. Abgedeckt bis zu 2 Tage in den Kühlschrank stellen. Vor dem Servieren den Backofen auf 220 °C vorheizen. Die kalten Soufflés jeweils mit 1 EL Sahne beträufeln und die Förmchen auf einem Backblech für etwa 12–15 Min. in den Backofen schieben, bis die Soufflés aufgegangen, knusprig und goldbraun sind.

Den Wunsch, ein gesundes Leben zu führen und unseren Lebensmitteln vertrauen zu können, haben wir alle.

In Teeblättern geräucherter Lachs oder Forelle

Der Geschmack von selbst geräuchertem Fisch ist wirklich außergewöhnlich, und das Räuchern selbst überhaupt nicht schwer. Für das Räuchern in der Küche brauchen Sie nur einen schweren Wok oder einen hohen Brattopf, in den Sie ein Drahtgitter einsetzen können, plus einen fest sitzenden Deckel. Besonders würzige Rauchnoten erhalten Sie mit chinesischen Lapsang-Souchong-Blättern oder russischem Karawanentee, aber auch andere Schwarzteesorten und selbst unbehandeltes Sägemehl eignen sich. Mit der hier vorgestellten Räuchermethode können Sie auch Muscheln, Tomaten, Knoblauch oder Salz räuchern.

Zubereitung: 15 Min. +
 10 Min. Marinieren
Räuchern: 20 Min. +
 15 Min. Ruhen
Für 6–8 Personen

2 EL Scotch Whisky oder Wasser
1 EL brauner Zucker
1 TL Salz
1 ganzes Lachs- oder Forellenfilet mit Haut

Zum Räuchern
3 TL Teeblätter oder 2 EL unbehandeltes Sägemehl
1 TL Zucker

Zum Servieren
250 ml Meerrettichcreme (siehe S. 181)
1 knuspriges Fladenbrot (siehe S. 18)

Whisky oder Wasser mit Zucker und Salz verrühren. Lachs oder Forelle auf der Fleischseite gleichmäßig damit einreiben und vor dem Räuchern 10 Min. marinieren lassen (oder den Fisch mit der Fleischseite nach unten in die Whisky- oder Wassermarinade legen und bis zu 2 Std. in den Kühlschrank stellen).

Zum Räuchern einen schweren Wok oder hohen Brattopf mit so viel Alufolie auskleiden, dass die Folie am Boden und an den Innenseiten fest anliegt und 3–4 cm über dem Rand steht. Teeblätter oder Sägemehl und den Zucker auf den Topfboden streuen und ein eingeöltes Drahtgitter einsetzen. Den Fisch mit der Hautseite nach unten auf das Gitter legen. Zwischen Fisch und oberem Wok- oder Topfrand muss ausreichend Platz sein, dass die Luft während des Räucherns zirkulieren und der Rauch den Fisch vollständig durchdringen kann.

Wok oder Topf mit einem Deckel fest verschließen und den Deckel rundherum mit der überstehenden Alufolie fixieren. Wok oder Topf für 4–6 Min. auf starke Hitze stellen, bis es im Inneren kräftig raucht, dann die Temperatur auf schwache Hitze herunterschalten und den Fisch 12 Min. weiterräuchern. Den Herd ausschalten und das Fischfilet bei geschlossenem Deckel 15 Min. ruhen lassen. In dieser Zeit kühlt es etwas ab und nimmt weitere Raucharomen auf.

Vor dem Servieren mit einer sauberen Pinzette oder kleinen Zange die Gräten aus dem Fischfilet entfernen. Dafür die Gräten jeweils einzeln an der Spitze greifen und schräg herausziehen.

Fischfilet auf einer Servierplatte anrichten und mit der Meerrettichcreme und dem knusprigen Fladenbrot servieren.

Frühlingsrollen mit Garnelen und Koriander

Natürlich können Sie Frühlingsrollen auch als Fertigprodukt kaufen, aber selbst gemachte sind so viel gesünder und schmecken einfach besser – vor allem, wenn man sie wie hier im Backofen zubereitet und nicht in der Pfanne brät. Anstelle der Garnelen können Sie auch rohes Fisch- oder Hühnerfleisch nehmen.

Zubereitung: 20 Min.
Garen: 20 Min.
Ergibt 18 Stück

100 g dünne Reis- oder Glasnudeln

300 g rohe geschälte Garnelen, küchenfertig vorbereitet, oder Fisch oder Hühnerfleisch

2 EL süße Chilisauce

4 EL gehackte Korianderblätter

1 EL Fischsauce (Nam pla aus dem Asienladen)

1 EL fein geriebener frischer Ingwer

die grünen Abschnitte von 1 Frühlingszwiebel, fein gehackt

1 Eiweiß

18 Frühlingsrollenblätter (aus dem Asienladen)

etwa 4 EL Öl

Zum Servieren
1 Rezept Chili-Zitronengras-Dip (siehe unten)

Die Nudeln in einer Schüssel mit kochendem Wasser bedecken und 5 Min. quellen lassen. Abgießen und gut abtropfen lassen.

Garnelen, Fisch- oder Hühnerfleisch sehr klein schneiden und in einer zweiten Schüssel mit den Nudeln, der Chilisauce, Koriander, Fischsauce, Ingwer, Frühlingszwiebel und dem Eiweiß gleichmäßig vermischen.

Auf jedes Frühlingsrollenblatt mittig 2 EL der Füllung geben, die Seitenränder jeweils nach innen schlagen und die Blätter fest aufrollen.

Frühlingsrollen nebeneinander auf ein mit Backpapier belegtes Backblech legen und entweder gleich weiterverarbeiten oder bis zu 4 Std. kalt stellen.

Den Backofen auf 200 °C vorheizen. Frühlingsrollen von allen Seiten mit etwas Öl bestreichen und etwa 20 Min. im Ofen garen, bis sie goldbraun und knusprig sind. Mit dem Chili-Zitronengras-Dip servieren.

Chili-Zitronengras-Dip

In einer kleinen Schüssel 125 ml süße Chilisauce mit 60 ml Wasser, 3 TL fein geriebenem Zitronengras, 2 EL Fischsauce (Nam pla aus dem Asienladen), 2 fein gehackten Kaffirlimettenblättern oder der fein abgeriebenen Schale von 1 Bio-Limette, 2 EL frisch gepresstem Limettensaft, 2 zerdrückten Knoblauchzehen und 2 TL fein gewürfeltem frischem Ingwer verrühren. Im Kühlschrank hält sich der Dip wochenlang. Ergibt 250 ml.

Caesar-Salat mit Flusskrebsen

Einen exklusiven Anstrich erhält der klassische Caesar-Salat mit Flusskrebsen, aber auch Garnelen sind eine feine Alternative.

Zubereitung: 10 Min.
Für 6 Personen

2–3 gegarte Flusskrebsschwänze oder 1–1,2 kg rohe ungeschälte Garnelenschwänze

2 große Köpfe Romanasalat oder Kopfsalat, geputzt, gewaschen und trocken geschleudert

3 große Handvoll (100 g) im Ofen geröstete Weißbrotscheiben (siehe S. 211) oder Brot-Chips (Fertigprodukt)

50 g Parmesan am Stück, in Späne gehobelt

1 Rezept sahniges Seafood-Dressing (siehe unten)

Das gegarte Fleisch aus den Krebsschwänzen herauslösen und in Stücke schneiden. Garnelenschwänze in kochendem Salzwasser garen, anschließend schälen und den Darm entfernen.

Die vorbereiteten Salatblätter in 3–4 cm breite Stücke schneiden oder zupfen. Weißbrotscheiben oder Brot-Chips in kleinere Stücke schneiden oder brechen und in einer großen Servierschüssel mit den Salatblättern, Parmesanspänen, Krebsfleisch oder Garnelen vermischen. Mit dem Seafood-Dressing anmachen und sofort servieren.

Sahniges Seafood-Dressing

In einer kleinen Pfanne 1 EL Olivenöl erhitzen. 2 zerdrückte Knoblauchzehen und 4–5 eingelegte Sardellen im heißen Öl bei mittlerer Hitze 1 Min. anschwitzen und dabei die Sardellen zu einer Paste zerdrücken. 250 g Sahne und 50 g fein geriebenen Parmesan unterrühren und mit frisch gemahlenem schwarzem Pfeffer würzen. Das Sahnedressing etwa 2 Min. kräftig kochen lassen, bis es große Blasen wirft und eindickt. Vor der Verwendung auskühlen lassen. Das Dressing schmeckt zu jeder Art von Fisch und Meeresfrüchten. Ergibt 250 ml.

Kräuterküchlein mit Räucherlachs

Möchten Sie große Mengen dieser Küchlein zubereiten, sparen Sie Zeit, wenn Sie sie nur kurz in der Pfanne anbräunen und anschließend im 180 °C heißen Backofen in 8–10 Min. fertig backen. Sie sind gar, wenn sie auf Druck etwas nachgeben.

Zubereitung: 5 Min. +
  15 Min. Ruhen
Garen: 4–5 Min. je Durchgang
Ergibt 60 kleine oder
  30 mittelgroße Küchlein

225 g Mehl
3 TL Backpulver
3 Eier
250 ml gekühltes kohlensäurehaltiges Mineralwasser
1 TL Salz
gemahlener schwarzer Pfeffer
8 EL fein gehacktes Basilikum
fein abgeriebene Schale von 1 Bio-Zitrone
2–3 EL geschmacksneutrales Öl

Zum Servieren
150 g Räucherlachs, in kleine Scheiben geschnitten
125 g saure Sahne
Dillspitzen

Für den Teig in einer Rührschüssel Mehl, Backpulver, Eier, Mineralwasser oder Wasser (mit Mineralwasser wird der Teig luftiger), Salz sowie Pfeffer nach Geschmack zu einem glatten, zähflüssigen Teig mixen. Den Teig abgedeckt 15 Min. ruhen lassen oder bis zu 4 Std. in den Kühlschrank stellen (in dieser Zeit quillt der Kleberanteil im Mehl und die Küchlein werden schön locker). Der Teig kann jetzt mit verschiedenen Zutaten (siehe unten) aromatisiert werden.

Gehacktes Basilikum und Zitronenschale unter den gequollenen Teig ziehen. Eine Pfanne mit schwerem Boden auf mittlerer Stufe erhitzen. Den Boden der Pfanne leicht einölen. Mit einem Löffel kleine Teigportionen nebeneinander in die heiße Pfanne geben und braten, bis sich auf der Oberseite Blasen bilden. Wenden und die andere Seite braten. Die Küchlein sind gar, wenn sie auf leichten Druck nachgeben. Auf diese Weise den gesamten Teig zu Küchlein verarbeiten und zwischendrin den Pfannenboden immer mal wieder dünn einölen.

Die Küchlein jeweils mit 1 kleinen Scheibe Lachs belegen, darauf etwas saure Sahne klecksen und mit Dillspitzen garnieren.

Zucchiniküchlein mit Schafskäse und Minze

Auf einem sauberen Küchentuch 2 mittelgroße (etwa 300 g) Zucchini klein raspeln. Küchentuch mit den Zucchiniraspeln kräftig auswringen, damit das Gemüse überschüssige Feuchtigkeit verliert. Zucchiniraspel in einer Schüssel mit der fein abgeriebenen Schale von 1 Bio-Zitrone, 1 EL frisch gepresstem Zitronensaft, 2 EL fein gehackten Frühlingszwiebeln (nur die grünen Abschnitte), 4 EL gehackten Minzeblättern und 150 g fein zerbröckeltem Schafskäse vermischen. Die Mischung unter den gequollenen Teig (siehe oben) ziehen und wie beschrieben zu Küchlein braten. Ergibt 60 kleine oder 30 mittelgroße Küchlein.

Maisküchlein

450 g gegarte Maiskörner (oder aus der Dose), 50 g geriebener Mozzarella und 1 EL Pesto (nach Belieben) unter den gequollenen Teig (siehe oben) ziehen und die Mischung wie beschrieben zu Küchlein braten. Für 4 Personen.

Jakobsmuscheln auf Spargel-Zuckerschoten-Salat

Die Jakobsmuscheln haben einen großen Anteil daran, dass dieser Salat so beeindruckend ist. Aber auch mit kurz gebratenen Garnelen oder mit sechs Scheiben knusprig gebratenem und zerkrümeltem Speck macht er eine stattliche Figur. Sollte Spargel gerade keine Saison haben, verdoppeln Sie einfach die Menge an Zuckerschoten. Wenn Sie nicht die ganze Zeit bis zum Essen in der Küche stehen wollen, können Sie den Spargel und die Zuckerschoten schon ein paar Stunden vorher garen und die Jakobsmuscheln bis zu einer halben Stunde im Voraus braten. Das Zitrus-Chili-Dressing hält sich bis zu einer Woche im Kühlschrank.

Zubereitung: 5 Min.
Garen: 5–7 Min.
Für 6 Personen

24 Stangen grüner Spargel, die holzigen Enden entfernt
3 Handvoll (100 g) Zuckerschoten, entfädelt
2 Handvoll (50 g) Rucola
1 große, eben reife Avocado, das Fruchtfleisch in Stücke geschnitten
24 ausgelöste frische Jakobsmuscheln (oder auch mehr)
fein abgeriebene Schale von ½ Bio-Zitrone oder Limette
Salz und frisch gemahlener schwarzer Pfeffer
1 Prise Zucker
2 EL Olivenöl
60 ml Zitrus-Chili-Dressing (siehe unten)

Wasser in einem großen Topf zum Kochen bringen, leicht salzen und die Spargelstangen im kochenden Wasser 3 Min. garen. In den letzten 20 Sek. die Zuckerschoten mitkochen. Achten Sie darauf, dass sie nicht zu weich werden.

Gemüse in ein Sieb abgießen und sofort mit kaltem Wasser abschrecken (das bewahrt seine Knackigkeit und leuchtend grüne Farbe). Gut abtropfen lassen. Rucolablätter auf einer Servierplatte auslegen und darauf den Spargel, die Zuckerschoten und Avocadostücke anrichten.

Die Jakobsmuscheln mit Zitronen- oder Limettenschale vermischen, salzen, pfeffern und mit Zucker bestreuen (er lässt die Muscheln schneller karamellisieren, sodass sie nicht übergaren). Das Öl in einer Pfanne mit schwerem Boden sehr heiß werden lassen und die Jakobsmuscheln darin auf jeder Seite 30–50 Sek. braten – sie sollen außen schön gebräunt, aber innen noch zart sein. Nicht übergaren und die Pfanne nicht zu voll packen – das Muschelfleisch also bei Bedarf in zwei Durchgängen braten.

Gebratene Jakobsmuscheln auf dem Spargel-Zuckerschoten-Salat anrichten und die Zutaten mit dem Zitrus-Chili-Dressing anmachen. Den Salat auf einzelnen Tellern sofort servieren.

Zitrus-Chili-Dressing

Je 20 ml frisch gepressten Orangen-, Limetten- und Zitronensaft in ein großes Schraubglas geben und mit 1 TL Reisweinessig, 1 EL Fischsauce (Nam pla aus dem Asienladen), 1 EL Zucker, frisch gemahlenem schwarzem Pfeffer nach Geschmack und 1 entkernten und ganz fein gewürfelten kleinen roten Chilischote im verschlossenen Glas zu einem Dressing schütteln. Bis zur Verwendung kalt stellen. Schmeckt großartig zu Fisch und Meeresfrüchten, zu Hühnchenfleisch und in Salaten und hält sich bis zu einer Woche im Kühlschrank. Ergibt 125 ml.

Im Tagesablauf einen Moment zu finden, in dem die Dinge in ihrem eigenen, einfachen Tempo passieren dürfen, ist wunderbar.

Asiatischer Nudelsalat mit Garnelen

Dieser Salat gehört zur Gruppe der super einfachen »1-2-3- fertig-Salate«. Mit einer Packung Garnelen im Tiefkühlfach zaubern Sie eine perfekte kleine Mahlzeit, wenn Freunde unangemeldet bei Ihnen vorbeischauen.

Zubereitung: 10 Min.
Für 2 Personen als Hauptgericht, für 4 Personen als Vorspeise

- 250 g breite Reisnudeln
- 250 g kleine oder große geschälte Garnelen, Darm entfernt
- 1 TL Traubenkern-, Reiskeim- oder ein anderes geschmacksneutrales Öl
- 1 EL fein geriebener frischer Ingwer
- 2 Frühlingszwiebeln, in feine Scheiben geschnitten
- 2 EL gehackte Korianderblätter
- 75 g geröstete Erdnusskerne, gehackt
- 1 Rezept Chili-Zitronengras-Dip (siehe S. 190)

Die Reisnudeln in einen großen Topf mit kochendem Wasser geben, anschließend den Topf sofort vom Herd nehmen und die Nudeln mind. 10 Min. darin quellen lassen. Abgießen und unter fließendem kaltem Wasser abspülen.

Gefrorene Garnelen in einem Sieb auftauen, kurz abspülen und mit Küchenpapier trocken tupfen. Öl in einer Pfanne erhitzen und die Garnelen darin bei mittlerer Hitze zusammen mit dem Ingwer kurz von allen Seiten braten, bis sie gar sind. In einer Servierschüssel mit den Nudeln, Frühlingszwiebeln, gehackten Korianderblättern, Erdnüssen und dem Chili-Zitronengras-Dip vermischen und servieren.

Der Salat lässt sich auch 2 Std. im Voraus zubereiten. Vor dem Servieren noch einmal durchmischen.

Lachs oder Forelle in Zeitungspapier gegart

Ich kann diese Methode, einen frisch gefangenen ganzen Fisch zu garen, nicht anders als genial nennen, gebe aber zu, dass ich sie bisher nur bei Süßwasserfischen ausprobiert habe. Mir fällt allerdings kein Grund ein, warum sie nicht auch bei Salzwasserfischen funktionieren sollte. Man muss den ausgenommenen ganzen Fisch einfach nur in Papier wickeln, das Papier in Wasser einweichen und dann das ganze Paket in die heiße Glut legen, die aus Holz oder Grillbriketts bestehen kann. Selbst im Backofen hat sich diese Garmethode bewährt. Im Ofen entwickeln sich zwar nicht die gleichen rauchigen Geschmacksnoten, aber man bekommt genauso saftiges Fischfleisch wie beim Garen in der Glut.

Zubereitung: 5 Min.
Garen: 20–40 Min.
Für 3–4 Personen

1 ganzer frischer Lachs oder eine Forelle (2–3 kg), küchenfertig vorbereitet
Minze-, Dill- oder Korianderstängel
Salz und Pfeffer

Zum Einwickeln
3 Bögen Wachs- oder Pergamentpapier
8 Seiten Zeitungspapier

Zum Servieren
Zitronenspalten
knuspriges Fladenbrot (siehe S. 18)
Salsa verde (siehe S. 60)
Meerrettichcreme (siehe S. 181)

Ein offenes Feuer oder ein Feuer im Grill oder Pizzaofen anzünden und zu einem heißen Glutbett herunterbrennen lassen.

Inzwischen die Bauchhöhle des Fischs mit Kräutern füllen, den Fisch innen und außen mit Salz und Pfeffer würzen und fest in drei Lagen Wachs- oder Pergamentpapier einwickeln. Die Zeitungsseiten übereinanderlegen und den Fisch so darin einwickeln, dass ein gut verschlossenes Paket entsteht.

Das Fischpaket unter Wasser tauchen, bis das Zeitungspapier durch und durch feucht ist, anschließend für 30–40 Min. in die heiße Glut legen und alle 10 Min. wenden. Die Garzeit ist abhängig von der Größe des Fischs und der Hitze der Glut. Um den Gargrad zu prüfen, stecken Sie einen spitzen Holz- oder Metallspieß in das dicke Fleisch knapp unterhalb der Kiemen. Wenn Sie keinen Widerstand mehr spüren, ist der Fisch fertig.

Zum Garen im Backofen den Ofen auf 200 °C vorheizen und das feuchte Paket für 20–30 Min. in den heißen Ofen legen. Den Gargrad des Fischs wie oben beschrieben prüfen.

Wenn der Fisch gar ist, das Paket aus der Glut oder dem Backofen nehmen und so weit abkühlen lassen, dass Sie es gefahrlos anfassen können. Das verkohlte Papier abziehen, anschließend die Haut des Fischs. Den Fisch auf einer Servierplatte anrichten und mit Zitronenspalten und knusprigem Fladenbrot servieren. Ganz köstlich schmeckt auch meine Salsa verde und/oder die Meerrettichcreme dazu.

Würzig frittierte Kalamari-Ringe

Gerade eben noch aromatisch und zart und plötzlich zäh wie Gummi oder hart wie Schuhleder: Bei der Zubereitung von Kalmaren entscheiden manchmal Sekunden. Der Trick ist, sie bei hoher Temperatur nur kurz zu garen. Sie können die Tintenfischringe heiß oder raumtemperiert servieren und im Backofen sogar wieder aufwärmen, ohne dass sie schlaff werden. Das gelingt ganz leicht, wenn Sie die Kalamari nach dem Frittieren in einer Lage auf Küchenpapier entfetten.

Zubereitung: 15 Min.
Frittieren: 1–1½ Min.
 pro Durchgang
Für 6 Personen als Vorspeise

3 große (500 g) Kalmartuben (Körperbeutel), küchenfertig vorbereitet
175 g Reismehl
½ TL Fünf-Gewürze-Pulver
1 TL Salz
1 TL frisch gemahlener schwarzer Pfeffer

Zum Frittieren
Traubenkernöl oder ein anderes geschmacksneutrales Öl

Zum Servieren
6 Handvoll (150 g) Brunnenkresse oder Rucola
Saft von 1 Zitrone
250 ml Aioli mit geröstetem Knoblauch (siehe S. 56)
Zitronenspalten

Die Kalmartuben in fingerbreite Ringe schneiden. Fangarme gegenenenfalls abtrennen und in Stücke schneiden.

In einer Schüssel das Reismehl mit dem Fünf-Gewürze-Pulver, Salz und Pfeffer vermischen. Kalamari im gewürzten Mehl panieren, überschüssiges Mehl abschütteln.

Einen mittelgroßen Stieltopf 4 cm hoch mit Öl füllen und das Öl auf 180 °C erhitzen. Die richtige Temperatur mit einem Brotwürfel testen: Er sollte innerhalb von 30 Sek. goldbraun sein. Ist das Öl zu heiß, ein wenig kaltes Öl nachgießen.

Die Kalamari portionsweise im heißen Öl in 1–1½ Min. goldgelb und knusprig frittieren, dabei aber nicht zu viele auf einmal in den Topf geben, sonst werden sie zäh. Frittierte Kalamari mit einem Schaumlöffel herausheben, dabei überschüssiges Öl abschütteln, und nebeneinander auf Küchenpapier entfetten. Die restlichen Kalamari genauso frittieren und ebenfalls nebeneinander auf Küchenpapier abtropfen lassen. Übereinanderliegende Kalamari würden im heißen Dampf nachgaren und matschig werden.

Kalamari-Ringe heiß oder raumtemperiert servieren. Wenn Sie sie im Voraus zubereiten und dann heiß servieren wollen, die Ringe nebeneinander auf ein Backblech legen und im 220 °C heißen Backofen 3–4 Min. aufwärmen.

Zum Servieren jeweils 1 Handvoll Kresse oder Rucola auf einzelnen Tellern anrichten. Kalamari-Ringe darauf verteilen, mit Zitronensaft beträufeln und etwas Aioli darüberklecksen. Mit Zitronenspalten servieren und die restliche Aioli in einem Schälchen dazu reichen.

Gedämpfte Muscheln mit Tomatensauce

Ideal als Mittagessen oder leichtes Abendessen. Servieren Sie reichlich knuspriges Brot dazu, um die köstliche Sauce damit aufzutunken.

Zubereitung: 5 Min.
Garen: 6–8 Min.
Für 2 Personen

24 frische Miesmuscheln
250 ml erntefrische Tomatensauce (siehe S. 62)
125 g Sahne

Zum Servieren
2 EL gehackte Blätter glatter Petersilie
knuspriges Brot

Muscheln unter fließendem kaltem Wasser abbürsten. Exemplare, die sich dabei nicht schließen, aussortieren und wegwerfen. Restliche Muscheln entbarten. In einem großen Topf 60 ml Wasser zum Kochen bringen. Die Muscheln einfüllen und zugedeckt etwa 3–4 Min. dämpfen, bis sie sich geöffnet haben. Ungeöffnete Muscheln aussortieren und wegwerfen.

Muscheln in einem Sieb abtropfen lassen und zurück in den Topf füllen. Tomatensauce und Sahne zugießen und kurz aufkochen lassen, anschließend den Topf sofort vom Herd nehmen, damit die Muscheln nicht übergart werden. Muscheln mit der Sauce in tiefen Schalen anrichten und mit Petersilie bestreuen. Dazu Brot zum Auftunken der Sauce reichen.

Mit Currypaste aromatisierter ganzer Fisch aus dem Ofen

Ein ganzer Fisch wird mit der südostasiatischen Currypaste (siehe Seite 112) eingerieben und anschließend 30–40 Minuten im Backofen gegart. Heraus kommt das saftige Prunkstück einer asiatisch inspirierten Mahlzeit.

Zubereitung: 7 Min.
Garen: 30–40 Min.
Für 2–4 Personen als Teil einer größeren Mahlzeit

1 küchenfertiger ganzer Fisch (1–1,5 kg), z.B. Wolfsbarsch oder Red Snapper
125 ml südostasiatische Currypaste (siehe S. 112)
1 kleine Zitrone

Zum Servieren
gedämpfter Reis
gegartes grünes Gemüse

Den Backofen auf 180 °C vorheizen. Den Fisch außen auf beiden Seiten dreimal schräg einschneiden und mit der Currypaste einreiben. Etwas Currrypaste auch in die Bauchhöhle reiben. Die Zitrone in Scheiben schneiden und in die Bauchhöhle legen.

Den Fisch in eine ofenfeste Form geben und 30–40 Min. im Backofen braten, bis er gerade eben gar und sein Fleisch saftig ist. Mit Reis und Gemüse servieren.

Fangfrischer Fisch vom Grill mit Chili-Limetten-Salz

Ich kenne kaum etwas Köstlicheres, als einen frisch gefangenen Fisch sofort zu grillen. Das ist viel mehr als eine Mahlzeit, eher ein Ausflug in ungeahnte Geschmackswelten. Wenn Sie keine Möglichkeiten haben, den Fisch selbst zu fangen, vertrauen Sie beim Fischhändler Ihren Augen und Ihrer Nase: Wirklich frischer Fisch riecht nach Meer, nicht nach Fisch, hat festes, glänzendes Fleisch und klare Augen.

Zubereitung: 10 Min.
Grillen: 15 Min.
Für 4 Personen

1 ganzer Fisch (2–3 kg), Kopf entfernt, ausgenommen, aber mit Haut und Schuppen

3 EL Butter

2 TL Chili-Limetten-Salz (siehe S. 78) oder naturbelassenes Meersalz

Zum Servieren

Zitronen- oder Limettenspalten

gebutterte Vollkornbrotscheiben

Den Fisch entlang des Rückgrats auf-, aber nicht durchschneiden, und wie ein Buch aufklappen (oder bitten Sie Ihren Fischhändler darum). Die Innenseiten großzügig mit Butter bestreichen und mit Salz bestreuen.

Den aufgeklappten Fisch mit der Hautseite nach unten auf den heißen Grill legen und bei geöffnetem Deckel etwa 10 Min. garen, bis die Butter zu schmelzen beginnt und das Fischfleisch an den Seitenrändern auf einer Breite von 2 cm nicht mehr glasig ist. Jetzt den Deckel schließen und den Fisch weitere 5–6 Min. grillen. Die Garprobe machen Sie mit einem Holz- oder Metallspieß, den Sie in die dickste Stelle des Fischs stechen. Der Fisch ist gar, wenn das Fleisch dabei blättrig zerfällt.

Den fertig gegrillten Fisch auf einer Servierplatte 5 Min. ruhen lassen. Fisch entgräten und mit Zitronen- oder Limettenspalten und den gebutterten Brotscheiben servieren.

Würziger Knoblauchaufstrich

Klassischerweise wird zu traditionellen französischen Fischsuppen wie etwa meiner duftenden Seafood-Suppe (siehe Seite 212) ein viel Knoblauch enthaltender Brotaufstrich gereicht. Diesen hier hat mir mein lieber Freund Danièle Delpeuch beigebracht, ein fabelhafter französischer Koch, der als Grundlage nicht wie in vergleichbaren Rezepten Mayonnaise verwendet, sondern zerstampfte Kartoffeln. Die im Backofen gerösteten Weißbrotscheiben (siehe unten) werden damit bestrichen und dann in die Suppe getunkt oder als Suppeneinlage gegessen. Den Aufstrich können Sie auch als Dip zusammen mit Baguettescheiben servieren.

Zubereitung: 10 Min.
Ergibt etwa 375 ml

6 Knoblauchzehen, geschält, gewürfelt
1 TL Salz
1 große Kartoffel, gegart und zerstampft
1–2 TL fein gewürfelte Chilischoten, nach Geschmack (sie sollten recht scharf sein)
1 Eigelb
¼ TL Paprikapulver oder geräuchertes Paprikapulver
1 TL Piment d'Espelette (scharfes Chilipulver) oder scharfes Paprikapulver
125 ml Olivenöl

Die Knoblauchzehen auf einem Schneidebrett mit Salz bestreuen und mit der Klinge eines schweren Messers zu einer Paste zerdrücken. Zerstampfte Kartoffel mit der Knoblauchpaste, Chili, Eigelb und den Gewürzen vermischen. Das Öl zugießen und die Mischung zu einem streichfähigen Aufstrich verrühren. In einem verschlossenen Glas hält sich der Aufstrich 2–3 Tage im Kühlschrank.

Im Ofen geröstete Weißbrotscheiben

Den Backofen auf 180 °C vorheizen. Ein Baguette oder französisches Landbrot schräg in 2 cm dicke Scheiben schneiden. Die Scheiben auf beiden Seiten mit etwas Olivenöl einpinseln oder einsprühen und nebeneinander auf ein Backblech legen. Im Backofen etwa 15 Min. rösten, bis sie goldbraun und knusprig sind. Nicht aus den Augen lassen, denn sie können schnell zu dunkel werden oder verbrennen. Aus dem Ofen nehmen und auskühlen lassen. In einem luftdicht verschlossenen Behälter halten sie sich ein paar Wochen.

Duftende Seafood-Suppe

Am besten schmeckt diese Suppe, wenn Sie zwei oder drei verschiedene Fischfilets sowie Muscheln oder Garnelen verwenden. In Frankreich serviert man Fischsuppe in der Regel mit gerösteten Weißbrotscheiben und einem Knoblauchaufstrich (siehe Seite 211) – eine wunderbare geschmackliche Ergänzung.

Zubereitung: 20 Min.
Garen: 1 Std.
Für 8 Personen

125 ml Olivenöl
1 Zwiebel, fein gewürfelt
1 Fenchelknolle, in feine Scheiben geschnitten
2 kleine Stangen Lauch, in feine Scheiben geschnitten
2 EL Tomatenmark
2–3 Lorbeerblätter
4 große Knoblauchzehen, ganz fein gewürfelt
1–2 rote Chilischoten
125 ml Wermut
1 kräftige Prise (20–30) Safranfäden
800 g stückige Tomaten aus der Dose oder frische Tomaten, enthäutet und gewürfelt
1 TL Honig
2 l Fischfond
5 mittelgroße Kartoffeln, geschält und in 2 cm große Stücke geschnitten
Salz und frisch gemahlener schwarzer Pfeffer
1 kg festfleischige Fischfilets
12–16 Miesmuscheln und/oder 8–16 große rohe geschälte Garnelen (nach Belieben)

Zum Servieren
1 Rezept Knoblauchaufstrich und 1 Rezept geröstete Weißbrotscheiben (siehe S. 211)

Olivenöl in einem großen Topf erhitzen. Zwiebel, Fenchel und Lauch darin in 15–20 Min. weich dünsten, ohne dass sie bräunen.

Tomatenmark einrühren und einige Minuten mitgaren. Lorbeerblätter, Knoblauch und nach Geschmack 1 oder 2 Chilischoten dazugeben, Wermut, Safran, Tomaten und Honig unterrühren und alles bei kleiner Hitze 20 Min. köcheln lassen.

Fischfond angießen, die Kartoffeln zufügen und die Suppe erneut zum Köcheln bringen, anschließend 10–15 Min. köcheln lassen, bis die Kartoffelstücke fast gar sind. Nach Geschmack salzen und pfeffern.

Fischfilets in 4 cm große Stücke schneiden. Miesmuscheln, falls verwendet, küchenfertig vorbereiten. Fünf Minuten vor dem Servieren Fisch und Muscheln 3–4 Min. in der Suppe köcheln lassen, dann nach Belieben die Garnelen hinzufügen und 2–3 Min. mitköcheln, bis Fisch und Garnelen gar sind und die Muscheln sich geöffnet haben. Ungeöffnete Muscheln aussortieren und wegwerfen.

Lorbeerblätter und Chilischote(n) aus der Suppe fischen. Die Suppe in vorgewärmte Suppenteller schöpfen. Weißbrotscheiben mit dem Knoblauchaufstrich bestreichen und separat oder als Einlage in der Suppe servieren.

Es kann nichts falsch daran sein, die Ressourcen an Nahrung zu genießen, die uns die Natur zur Verfügung stellt.

Aus der Molkerei

Das Schwelgerische und Reichhaltige, das Milchprodukte und Eier verleihen, ist purer Sinnesgenuss.

Als ich zu kochen begann, erschien alles so einfach. Einfach dadurch, weil ich eimerweise Sahne, Butter oder Öl dazugab und jedes Gericht deshalb unglaublich verführerisch schmeckte – schrecklich, geradezu verheerend unwiderstehlich. Erst später sah ich ein, dass nur wenig Fett auch genügt. Zu viel davon, und die frischen Zutaten werden überwältigt, ihr Eigengeschmack versumpft in dicker Üppigkeit.

Mit neunzehn bekam ich einen Job als Köchin in einem kleinen Restaurant. Plötzlich stand ich am Herd und zauberte Saltimbocca mit Sahnesauce, Butterravioli und üppig-reichhaltige Suppen – die reinsten Kalorienbomben. Ich stellte literweise die beste Eiscreme der Welt her und rollte Unmengen cremiger Schokoladentrüffel (die Rezepte dieser beiden süßen Verführungen finden sich auf den folgenden Seiten – sie sind einfach zu gut).

Ich nahm Kilo um Kilo zu und war mir nicht bewusst, dass mich all das Fett zunehmend in eine Nachbildung des Michelin-Männchens verwandelte. Heute weiß ich, dass gutes Essen nicht davon abhängt, dass man mit viel Fett viel Geschmack hinzufügt.

Zweifellos verleiht ein bisschen Sahne oder Butter, richtig eingesetzt, einem Gericht schnell einen Hauch von Luxus. Das Essen bekommt Fülle und eine wunderbare Konsistenz. Aber ein klug gefüllter Vorratsschrank gibt Ihnen einen »Werkzeugkasten der Aromen« an die Hand, mit dem auch ohne viel Fett spannende Gerichte gelingen.

Ingwer, Knoblauch und Zwiebeln sorgen für die Basisnoten, Saft und Schale von Zitronen und Limetten liefern spritzige Frische, frische Kräuter bringen einen weiteren lebendigen Ton ein, Gewürze setzen Nuancen, und Fonds sowie asiatische Saucen wie Fisch- oder Sojasauce verleihen Tiefe.

Einige Gerichte brauchen allerdings viel Sahne oder Butter, denn sie beruhen darauf – Eiscreme etwa oder Schokoladenganache. Hier sich zurückzuhalten wäre Unsinn, man würde nur enttäuscht werden.

Auf einem Liter Rohmilch setzen sich zwei bis drei Esslöffel Rahm ab. Geschlagen ergibt er die Hälfte seines Gewichts in Butter. Die Reichhaltigkeit des Rahms kondensiert dabei zu dichtem, festem Fett. Für ein Kilo Käse braucht man zehn Liter Milch – ein Verhältnis von 10 : 1. Es kommt mir immer noch wie ein Wunder vor, dass jeder Käse, sei es würziger, leicht körniger Parmesan oder weicher, pikanter Blauschimmelkäse, einfach eine andere Ausdrucksform von Milch ist. Durch Änderung der Temperatur bei der Herstellung, unterschiedlich lange Reifung und andere Bakterienkulturen erhält man völlig verschiedene Käsesorten.

Ich gestehe, dass ich eine große Schwäche für Käse habe. Für einen weichen Brie oder oder einen leicht säuerlichen Ziegenkäse schmelze ich dahin. Als ich mit unserer Tochter Rose schwanger war, entwickelte ich eine Leidenschaft für pikant-aromatischen Taleggio aus der Lombardei – ein wahrer Stinkekäse mit gewaschener Rinde. Ich konnte von seiner samtig weichen Textur gar nicht genug bekommen, dem heftigen, mundfüllenden Geschmack, der klebrigen roten Rinde – ach, einfach herrlich …

Der größte Feind von Käse ist Luft. Deshalb sollte man Käse lieber am Stück kaufen und kühl aufbewahren, die Schnittfläche mit Wachspapier abgedeckt, damit sie nicht austrocknet. Zum Kochen habe ich immer ein Stück Parmesan (oder den preiswerteren Grana Padano) im Kühlschrank, dazu Schafskäse und Gruyère oder einen pikanten Cheddar. Damit, und mit anderen Milchprodukten wie Joghurt, Butter und Sahne, lassen sich seidenweiche Gerichte herstellen, die satt und zufrieden machen.

Selbst gemachter Frischkäse

Eigenen Käse herzustellen macht auf ganz wunderbare Weise zufrieden, zumal mit einem so einfachen Rezept wie diesem hier. Das Ergebnis ist weicher, sahniger Wohlgeschmack. Bereiten Sie den Frischkäse einen Tag vor dem Servieren zu. Er hält sich aber auch über eine Woche im Kühlschrank.

Zubereitung: 10 Min. + Abtropfen über Nacht
Ergibt etwa 450 g

1 kg griechischer Naturjoghurt oder Naturjoghurt aus Ziegen- oder Büffelmilch
1½ TL Salz

Joghurt mit Salz verrühren. Ein großes Sieb mit Küchenpapier oder einem sauberen Musselintuch auslegen und über eine Schüssel setzen. Joghurt ins Sieb geben und im Kühlschrank oder an einem kühlen Ort über Nacht abtropfen lassen.

Am nächsten Morgen die abgetropfte Flüssigkeit weggießen und den Frischkäse in eine saubere Schüssel umfüllen. Er hält sich über eine Woche im Kühlschrank.

Frischkäse mit Kräutern

Frischkäse wie oben beschrieben zubereiten. In eine saubere Schüssel umfüllen und 2 EL fein gehacktes Basilikum, 1 EL Schnittlauchröllchen und 1 TL fein gehackten Rosmarin unterrühren. Ergibt etwa 450 g.

Süßer Frischkäse als Dessert

Frischkäse wie oben beschrieben zubereiten. In eine saubere Schüssel umfüllen und 2 EL flüssigen Honig oder Puderzucker sowie 1 TL gemahlenen Kardamom oder Zimt gleichmäßig unterrühren. Vor dem Servieren den Käse auf sechs Desserttellern anrichten, jeweils mit 2 frischen Datteln und dünnen Birnenscheiben garnieren und etwas Honig darüberträufeln. Für 6 Personen.

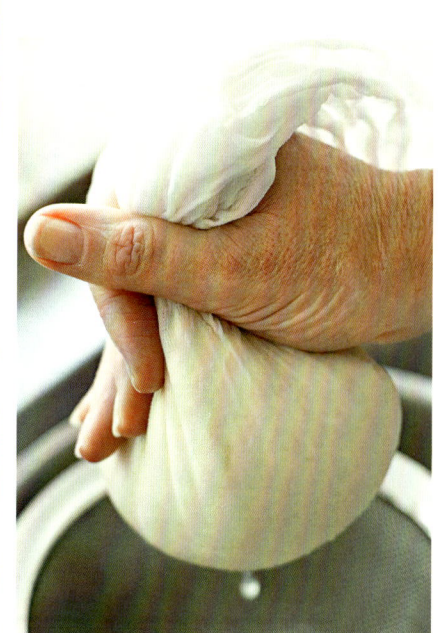

Himbeer-Pistazien-Eis

Sollten Sie noch nie selbst Eis gemacht haben, dann ist Ihre Stunde jetzt gekommen! Für die Eismasse brauchen Sie nichts weiter als drei Schüsseln und ein elektrisches Handrührgerät. Das Rezept stammt von meiner Mutter – ihr Eis hat meine gesamte Kindheit begleitet. Ich habe diese Tradition bei meinen eigenen Kindern wieder aufleben lassen. Sie können die Eismasse mit Schokolade oder Konfitüre (siehe Seite 229) aromatisieren, aber für besondere Anlässe sollte es diese köstliche Himbeer-Pistazien-Mischung sein.

Zubereitung: 20 Min. + mind. 4 Std. Gefrieren
Ergibt 2½ l

Für die Himbeer-Pistazien-Mischung
150 g Korinthen
60 ml Rum, Amaretto oder ein anderer Likör oder 60 ml Fruchtsaft
225 g kandierte Ananas- oder Aprikosenstücke, fein gehackt
fein abgeriebene Schale von 1 Bio-Zitrone
125 g ungesalzene Pistazienkerne
125 g frische oder TK-Himbeeren

Für die Eismasse
3 Eier
10 EL feiner Zucker
500 g Sahne, gekühlt

Zwei 30 cm lange Kastenformen oder einen anderen Behälter mit 2,5 l Inhalt mit Backpapier auskleiden.

Für die Himbeer-Pistazien-Mischung die Korinthen in einer mittelgroßen Schüssel mit Rum, Likör oder Fruchtsaft übergießen. Umrühren und die Korinthen mind. 15 Min. ziehen lassen. Oder die Mischung 1 Min. in der Mikrowelle erhitzen. Der Alkohol macht das Eis noch cremiger, aber je mehr Sie davon verwenden, umso weicher wird es. Also nicht übertreiben! Kandierte Früchte, Zitronenschale und Pistazien unterrühren. Die Himbeeren kommen erst später dazu.

Für die Eismasse die Eier trennen. Die Eiweiße in eine große Schüssel, die Eigelbe in eine kleinere Schüssel geben. Achten Sie darauf, dass keine Spuren von Eigelb im Eiweiß sind. Eiweiße mit 5 EL feinem Zucker in 6–7 Min. zu steifem Eischnee schlagen. Beiseitestellen.

In die Schüssel mit den Eigelben die restlichen 5 EL Zucker und 2 EL kochendes Wasser geben und die Zutaten zu einer hellschaumigen Masse aufschlagen, die so dickflüssig ist, dass sie vom Löffel tropfend eine Acht in der Eigelbmasse bilden kann.

In einer dritten Schüssel die Sahne schlagen, bis weiche Spitzen stehen bleiben. Die Sahne sollte nicht zu steif sein, andernfalls etwas kalte flüssige Sahne dazugießen und erneut schlagen. Mit einem großen flachen Löffel Eigelbmasse und weiche Schlagsahne behutsam unter den Eischnee heben.

Die Pistazien-Mischung unter die Eismasse heben und zuletzt die Himbeeren. Einige Früchte zum Garnieren aufbewahren. Die Himbeer-Pistazien-Eismasse in die vorbereiteten Kastenformen oder den Behälter füllen.

Die Eismasse mind. 4 Std. gefrieren lassen, vorzugsweise aber über Nacht. Bei längerer Gefrierzeit die Eismasse abdecken, um Gefrierbrand oder Geschmacksverluste zu vermeiden. Zum Servieren die Eiscreme aus der Form oder dem Behälter heben, in Scheiben schneiden und mit einigen beiseitegestellten Himbeeren garniert servieren.

Himbeer-Marmor-Eis

Einfach Himbeerkonfitüre durch meine magische Eismasse (siehe Seite 227) ziehen und fertig ist das Lieblingseis für Groß und Klein.

Zubereitung: 20 Min. + mind. 4 Std. Gefrieren
Ergibt 1¾ l

1 Rezept Eismasse (siehe S. 227)
325 g Himbeerkonfitüre

Zum Servieren
frische Himbeeren

Die Eismasse wie für das Himbeer-Pistazien-Eis zubereiten. Anstelle der Pistazien-Mischung und den Himbeeren die Eismasse mit der Himbeerkonfitüre marmorieren.

Die Eismasse mind. 4 Std. gefrieren lassen, vorzugsweise aber über Nacht. Das Himbeereis mit frischen Himbeeren servieren.

Schokoladeneis hoch zwei

Die herrlich üppige Eiscreme mit köstlichen Schokostückchen verführt endgültig zum Schwelgen, wenn Sie sie zum Servieren mit Schoko-Ganache (siehe Seite 240) beträufeln.

Zubereitung: 20 Min. + mind. 4 Std. Gefrieren
Ergibt 2½ l

1 Rezept Eismasse (siehe S. 227)
250 ml Schoko-Ganache (siehe S. 240)
175 g Schokotropfen

Zum Servieren
Schokoladenspäne oder Schoko-Ganache (siehe S. 240)

Die Eismasse wie für das Himbeer-Pistazien-Eis beschrieben zubereiten. Anstelle der Pistazien-Mischung und den Himbeeren Schoko-Ganache und Schokotropfen unterheben.

Die Schoko-Eismasse mind. 4 Std. gefrieren lassen, vorzugsweise aber über Nacht.

Das Schokoladeneis mit Schokospänen oder mit einem Klecks Schoko-Ganache servieren.

Aus der Molkerei

Glückliche Hühner

Als unsere Kinder noch klein waren, gehörte unsere Familie eines Tages zu den glücklichen Empfängern von vier kleinen Küken aus dem Kindergarten.

Jedes Jahr nämlich legen sie im Kindergarten einige Eier zum Ausbrüten in einen Inkubator. Damit ein Küken schlüpft, muss man das Ei 21 Tage lang auf einer Temperatur von genau 37,5 °C halten. In den ersten 18 Tagen soll es dabei mehrmals täglich leicht bewegt werden, die letzten drei Tage muss es ruhig liegen. Nach drei Wochen schlüpfen dann kleine, fluffige, goldene Bällchen – ein Wunder der Natur, das niemanden kalt lässt.

Fluffy, Browny, Whitey und Woody wurden in unserem Garten heimisch und legten einige Jahre unzählige Eier für uns. Ich fand es toll, wie sie Küchenabfälle verwerteten und mit ihren Ausscheidungen den Kompost »befeuerten«. Solange sie nicht in den Gemüsegarten gingen, konnten sie frei herumlaufen und fressen, was sie wollten. Am herrlichsten aber war es, jeden Morgen die Eier einzusammeln – immer dann, wenn sie mit diesem charakteristischen Hühnergegacker zu verstehen gaben, dass sie eben gelegt hatten. Viel Grünfutter sorgte für orangefarbene Dotter – es waren eindeutig die köstlichsten Eier aller Zeiten.

Die Farbe der Eier hängt von der Rasse ab: Hühnerrassen mit weißen Ohrlappen legen weiße Eier, solche mit roten Ohrlappen braune. Geschmacklich oder im Nährmittelgehalt gibt es keinen Unterschied. Um herauszufinden, wie alt ein Ei ist, legen Sie es einfach in kaltes Wasser: Frische Eier bleiben seitlich am Boden liegen, je älter sie sind, umso mehr richten sie sich auf. Das liegt daran, dass Eier mit der Zeit zunehmend Luft aufnehmen. Wenn sie schließlich an der Oberfläche schwimmen, sind sie verdorben.

Eine Junghenne beginnt ab einem Alter von etwa zwanzig Wochen, Eier zu legen. Bis sie ein Jahr alt ist, sind ihre Eier merklich kleiner als die von ausgewachsenen Hennen – ich nehme dann immer zwei, wenn das Rezept ein Ei verlangt.

Ein Besuch kürzlich bei John Davies in Waimate, der alte Geflügelrassen züchtet, weckte meine Begeisterung für Hühner erneut. Ich nahm zwei Barnevelder Junghennen mit, um eine eigene Brut aufzuziehen (die schwereren Rassen sind in der Regel die ruhigeren). Als Nächstes denke ich an ein paar schwarzweiß gemusterte Plymouth Rocks von John. Darauf freue ich mich jetzt schon.

Windbeutel mit Erdbeeren und Zitronensahne

Bitte nicht umblättern, weil es jetzt um Brandteig geht. Seine Zubereitung ist erstaunlich einfach, wenn man einmal den Dreh raus hat. Und es lohnt sich, einen Versuch zu unternehmen, damit Sie mit diesem Windbeutel Ihre Freunde überraschen können. Die werden von den Socken sein.

Zubereitung: 15 Min.
Backen: 65 Min.
Für 6–8 Personen

Für den Brandteig
4 EL (60 g) Butter, gewürfelt
110 g Mehl, gesiebt
1 EL Zucker
½ TL Vanilleextrakt
2 Eier (Größe L)

Zum Garnieren
50 g Mandelblättchen

Für die Füllung
500 g Sahne, gekühlt
250 ml Lemon Curd (siehe S. 254)
24 Erdbeeren, in Scheiben geschnitten

Zum Bestäuben
Puderzucker

Den Backofen auf 200 °C vorheizen (unbedingt Umluft verwenden). Auf einem Bogen Backpapier einen großen Donut zeichnen. Dazu zuerst einen Kreis von 22 cm Durchmesser, in diesen dann einen zweiten Kreis von 18 cm Durchmesser markieren. Nehmen Sie als Schablone zwei Teller der entsprechenden Größe. Das Papier mit der Markierung nach unten (damit sie nicht abfärbt) auf ein Backblech legen.

Für den Brandteig die Butter mit 125 ml Wasser in einen mittelgroßen Topf geben und das Wasser sprudelnd aufkochen. Sobald die Butter vollständig geschmolzen ist, das gesamte Mehl hineinschütten und mit einem Holzlöffel etwa 1 Min. kräftig verrühren, bis ein trockener Teigkloß entsteht, der sich von den Seitenwänden löst und am Topfboden schon leicht ansetzt.

Topf vom Herd nehmen und den Teig in eine große Rührschüssel oder in die Rührschüssel der Küchenmaschine geben. Zucker und Vanilleextrakt mit den Knethaken der Küchenmaschine oder des Handrührgeräts 20 Sek. unterrühren, dann nacheinander die Eier einzeln unter ständigem Rühren in den Teig einarbeiten. Der Teig sollte am Ende schwer reißend vom Knethaken fallen.

Den Teig zwischen den beiden Kreismarkierungen ringförmig auf dem Backpapier verstreichen und mit den Zinken einer Gabel rundherum auf der Teigoberseite entlangfahren (so reißt der Teig während des Backens nur auf der Oberseite auf und nicht an den Seiten). Teig mit den Mandelblättchen bestreuen. Im Backofen bei 200 °C 12 Min. backen, dann die Hitze auf 180 °C reduzieren und 15–20 Min. weiterbacken, bis der Windbeutel goldgelb ist und sich beim Daraufklopfen fest anfühlt. Backofen ausschalten und den Windbeutel noch 15 Min. darin ruhen lassen.

Aus dem Ofen nehmen und auf einem Kuchengitter etwas abkühlen lassen. Den Windbeutel mit einem Sägemesser waagerecht durchschneiden.

Windbeutel 30 Min. vor dem Servieren füllen. Dafür die Sahne schlagen, bis weiche Spitzen stehen bleiben, und den Lemon Curd locker unterheben. Zitronensahne auf dem Boden des Windbeutels verstreichen und mit den Erdbeeren belegen. Den Deckel des Windbeutels wieder aufsetzen und mit Puderzucker bestäuben. Windbeutel in Spalten geschnitten servieren.

Aus der Molkerei

Eclairs mit Kaffeesahne

Mit meinem gelingsicheren Brandteig (siehe Seite 233) können Sie sich auch an diese traumhaften Desserts wagen. Eclairs und Profiteroles beeindrucken garantiert immer.

Zubereitung: 15 Min.
Backen: 30 Min.
Ergibt 8 Stück

1 Rezept Brandteig (siehe S. 233)

Für die Füllung
300 g Sahne
4 EL Kaffeelikör (Kahlúa oder Tia Maria)

Für den Guss
2 TL Instant-Kaffeepulver
300 g Puderzucker
1 TL Vanilleextrakt

Zum Garnieren
60 g ungesalzene Pistazienkerne, gehackt

Den Backofen auf 200 °C vorheizen (Umluft verwenden). Ein Backblech mit Backpapier auslegen. Den Brandteig zubereiten, bis er schwer reißend vom Knethaken fällt.

Um die Eclairs zu formen, den warmen Brandteig in einen großen Spritzbeutel mit 2 cm großer Lochtülle füllen und 8 etwa 12 cm lange Rollen auf das mit Backpapier belegte Backblech spritzen. Sie können die Eclairs aber auch mithilfe eines Teelöffels formen.

Die Eclairs 30 Min. backen, bis sie aufgegangen und goldbraun sind. Aus dem Ofen nehmen, die Eclairs jeweils seitlich ein wenig einschneiden, damit der heiße Dampf austreten kann, und abkühlen lassen.

Für die Füllung die Sahne schlagen, bis weiche Spitzen stehen bleiben, und den Kaffeelikör unterziehen. Die Eclairs mit einem Sägemesser waagerecht in der Mitte durchschneiden, mit der Kaffeesahne füllen und wieder zusammensetzen.

Für den Guss den Instant-Kaffee in 2 EL (30 ml) kochendem Wasser auflösen. Puderzucker in eine mittelgroße Schüssel sieben. Kaffee und Vanilleextrakt dazugeben und die Mischung glatt rühren. Mit der Klinge eines in warmes Wasser getauchten Messers den Guss auf den Eclairs verstreichen und mit Pistazien garnieren.

Mit Vanilleeis gefüllte Profiteroles

Den Backofen auf 200 °C vorheizen (Umluft verwenden). Ein Backblech mit Backpapier auslegen. Den Brandteig nach Rezept (siehe Seite 233) zubereiten, bis er schwer reißend vom Knethaken fällt. Mit einem Vorspeise- oder Dessertlöffel 16 etwa gleich große Teigbällchen abstechen und auf das Backblech setzen; für kleinere Bällchen einen Teelöffel verwenden und 24 Portionen abstechen. Im vorgeheizten Backofen 30 Min. backen, bis die Profiteroles aufgegangen und goldbraun sind. Herausnehmen, jeweils an der Seite leicht einschneiden, damit der heiße Dampf austreten kann, und abkühlen lassen. Vor dem Servieren 250 ml Schoko-Ganache (siehe Seite 240) in einem kleinen Topf oder in der Mikrowelle behutsam erwärmen. Die Profiteroles waagerecht in der Mitte durchschneiden und jeweils mit 1 kleinen Kugel Vanilleeis füllen. Den Deckel wieder aufsetzen, die gefüllten Profiteroles auf eine Servierplatte setzen und mit warmer Ganache beträufeln. Sofort servieren. Die mit Eis gefüllten Profiteroles können auch für eine spätere Verwendung eingefroren werden und sind schnell wieder aufgetaut. Ergibt etwa 16 mittelgroße oder 24 kleine Profiteroles.

Wenn im Herbst die ersten Nüsse herabfallen, ist unser Sammeltrieb geweckt.

Der wirklich allerbeste Schokoladenkuchen

Dieser Kuchen macht Sie zum Star. Er wird Ihre geheime Waffe bei Einladungen oder besonderen Anlässen sein, und ich bin sicher, dass Sie sich nie mehr nach einem anderen Rezept für Schokoladenkuchen umsehen werden. Und alles geht so einfach bei diesem üppigen, saftig-schokoladigen Traum von Kuchen. Mit dem gleichen Teig können Sie auch die wunderbaren kleinen Schoko-Muffins (siehe unten) zubereiten.

Zubereitung: 5 Min.
Backen: 1 Std.
Für 12–16 Personen
Ergibt 1 großen oder
 2 kleinere Kuchen

450 g Mehl
3½ TL Backpulver
450 g Zucker
1½ TL Vanilleextrakt
65 g Kakaopulver, gesiebt
2 TL Natron
200 g weiche Butter
250 ml Milch oder Naturjoghurt
3 Eier (Größe L)
250 ml kochend heißer Kaffee

Für den Guss
1 Rezept Schoko-Ganache (siehe S. 240), gekühlt
frische Himbeeren

Den Backofen auf 160 °C vorheizen. Die Seiten von einer runden, 28 cm großen oder von zwei 18 cm großen Backformen einfetten, den oder die Böden mit Backpapier belegen.

Alle Zutaten bis auf die Ganache und die Himbeeren in der Küchenmaschine oder mit dem Mixer zu einem homogenen Teig verrühren, dabei darauf achten, dass die Butter vollständig eingearbeitet ist.

Den Teig in der vorbereiteten Form oder den Formen gleichmäßig verteilen und oben glatt streichen. Im Ofen 1 Std. backen, bis ein Holzstäbchen, das Sie in der Mitte in den Kuchen stecken, sauber wieder herauskommt. Den Kuchen in der Form oder den Formen auskühlen lassen. Für eine spätere Verwendung lässt sich der Kuchen in einem luftdicht verschlossenen Behälter etwa eine Woche im Kühlschrank aufbewahren oder ohne den Guss auch einfrieren.

Vor dem Servieren den Kuchen auf der Oberseite dick mit kalter Schoko-Ganache bestreichen und mit frischen Himbeeren garnieren.

Schoko-Muffins

Den Backofen auf 160 °C vorheizen und in die Mulden einer 24er-Muffinform Papierbackförmchen setzen. Den Teig für den wirklich allerbesten Schokoladenkuchen (siehe oben) zubereiten und die Papierförmchen damit jeweils zu zwei Dritteln füllen. Das Muffinblech für 25–30 Min. in den Backofen schieben und die Stäbchenprobe (siehe oben) machen. Muffins aus dem Ofen nehmen und auskühlen lassen. Für die Glasur 200 g Frischkäse mit 100 g weicher Butter zu einer glatten Masse verrühren. Nach und nach 300 g Puderzucker einarbeiten, bis die Glasur glatt und cremig ist. Mit ein wenig Lebensmittelfarbe Ihrer Wahl färben. Die Glasur können Sie jetzt in einem luftdichten Gefäß bis zu einer Woche im Kühlschrank aufbewahren. Die Muffins vor dem Servieren mit der Glasur überziehen und mit buntem Deko-Streuzucker bestreuen. Ergibt 24 Stück.

Schoko-Ganache

Es ist eigentlich kaum zu glauben, dass diese exquisite Schokoladensauce aus nur zwei Zutaten besteht: zu gleichen Teilen aus Sahne und hochwertiger Bitterschokolade. Kaufen Sie die beste, die Sie bekommen können. Ich mag in dieser Ganache am liebsten Schokolade mit mindestens 70% Kakaoanteil. Die Schoko-Ganache ist Teil meiner Kühlschrankvorräte, denn sie lässt sich so wunderbar vielseitig einsetzen, etwa als üppigen Kuchenguss (siehe Seite 238), als Konditorcreme für Profiteroles (siehe Seite 235) oder als Zutat für Eiscreme (siehe Seite 229). Himmlisch schmeckt sie auch zu Erdbeeren oder ein wenig beschwipst: Rühren Sie dafür 2 EL Kahlúa-Likör (für eine leckere Kaffeenote) oder Cointreau (für eine fruchtige Orangennote) in die fertige Ganache.

Zubereitung: 5 Min.
Garen: 5 Min. + Ruhen
Ergibt etwa 1 l

500 g Sahne
500 g hochwertige Bitterschokolade, in kleine Stücke gebrochen

Sahne in einen mittelgroßen Topf gießen und bis zum Siedepunkt erhitzen, aber nicht aufkochen. Die richtige Temperatur ist erreicht, wenn die Sahne am Rand des Topfes Bläschen bildet. Topf vom Herd nehmen, die Schokolade hinzufügen und 2 Min. anwärmen lassen. Anschließend die Schokolade unter Rühren in die heiße Sahne einarbeiten, bis sie vollständig geschmolzen ist und eine glatte, schön glänzende Sauce entsteht. Am Anfang fällt es schwer zu glauben, dass sich Schokolade und Sahne so verbinden werden, aber keine Sorge, sie werden!

Wenn Sie die Ganache nicht gleich verwenden, kann sie in einem verschlossenen Glas bis zu 2 Wochen im Kühlschrank aufbewahrt werden. Vor dem Servieren oder Weiterverarbeiten in einem Topf oder in der Mikrowelle behutsam erwärmen.

Schokoladentrüffel

250 ml warme Schoko-Ganache (siehe oben) mit 3 EL weicher Butter glatt rühren und 4 TL Cointreau oder einen anderen Likör untermischen. Die Mischung etwa 1 Std. kalt stellen, bis sie fest genug ist, um sie formen zu können. 50 g hochwertiges Kakaopulver in eine Schüssel sieben. Mit zwei Teelöffeln kleine Nocken aus der Schoko-Mischung abstechen und zwischen den Handflächen zu gleichmäßigen Bällchen formen. Die Schokobällchen im Kakaopulver wälzen. Sollte die Schoko-Mischung während der Verarbeitung zu weich werden, zum Festwerden zurück in den Kühlschrank stellen. Ergibt etwa 15 Stück.

Sinnliche Erfahrung beim Essen hat nicht allein mit Geschmack zu tun. Das, was Schokolade so erlesen macht, liegt auch an ihrer seidigen, zart schmelzenden Konsistenz.

Schokoladenterrine mit Cranberrys und Pistazien

Verführerischer können Sie kaum eine Mahlzeit beenden als mit dieser saftig-üppigen Schokoterrine. Anstelle von Cranberrys und Pistazien schmecken auch Haselnüsse und getrocknete Aprikosen gut.

Zubereitung: 15 Min.
Garen: 2 Min. + 1 Std. Kühlen
Ergibt etwa 30 Stücke

350 g hochwertige Bitterschokolade, in kleine Stücke gebrochen

180 ml gezuckerte Kondensmilch

2 TL Vanilleextrakt

4 EL (35 g) Puderzucker

150 g getrocknete Cranberrys

90 g ungesalzene Pistazienkerne

Eine kleine Kastenform (16 x 5 cm) mit Backpapier auskleiden.

Schokolade über dem Wasserbad schmelzen (oder 1–2 Min. in der Mikrowelle, dabei alle 30 Sek. umrühren). Sobald sie fast flüssig ist, von der Hitzequelle nehmen. Schokolade, die überhitzt wird, kann »grießig« und hart werden. Die Schokolade wird in der Resthitze vollständig schmelzen.

Kondensmilch in die flüssige Schokolade rühren, bis sie vollständig eingearbeitet ist, dann Vanille, Puderzucker, Cranberrys und Pistazien unterrühren. Jetzt beginnt die Schokomasse zu erstarren.

Die Masse fest in die vorbereitete Kastenform drücken und zum Festwerden kalt stellen. An einem kühlen Ort in Scheiben schneiden und bis zum Servieren dort aufbewahren. Die Schoko-Schnitten halten sich in einem luftdichten Behälter mehrere Wochen.

Espresso-Haselnuss-Bruch

Ein Dessert für Genießer, zu dem mich ein Rezept von Anni Bastow inspiriert hat, eine sehr kluge Köchin und Cateringchefin. Der Schokoladenbruch schmeckt nicht nur großartig, sondern sieht auch spektakulär aus mit seiner hell-dunkel marmorierten Oberseite.

Zubereitung: 15 Min. + Kühlen
Garen: 15 Min. (Rösten der Haselnüsse)
Für 10–12 Personen

225 g Haselnusskerne oder andere Nusskerne
375 g weiße Schokolade
375 g hochwertige Bitterschokolade
2 TL fein gemahlene Espressobohnen

Ein flaches Backblech oder eine flache Bratform von mind. 35 x 25 cm mit Backpapier auslegen.

Die Haselnüsse im Backofen bei 180 °C 12–15 Min. rösten, bis sie aromatisch duften. Nüsse abkühlen lassen, in ein sauberes Küchentuch geben und die Haut abrubbeln. (Hier wird keine Perfektion verlangt, die Nüsse müssen also nicht vollständig enthäutet werden.)

Die weiße Schokolade über dem Wasserbad oder in der Mikrowelle schmelzen (in der Mikrowelle etwa 2 Min. erhitzen, dabei nach 1 Min. umrühren, anschließend alle 30 Sek., bis sie flüssig und glatt ist).

Die Bitterschokolade in einer zweiten Schüssel auf die gleiche Weise schmelzen, was allerdings ein wenig länger dauern wird als bei der weißen Schokolade.

Den Großteil der Haselnüsse unter die geschmolzene weiße Schokolade mischen. Auf dem Backpapier des Backblechs nebeneinander fünf lange Bahnen grob markieren. Den weißen Schoko-Nuss-Mix auf den Bahnen zwei und vier verstreichen und da, wo Nüsse fehlen, die restlichen Haselnüsse darüberstreuen.

Gemahlene Espressobohnen in die geschmolzene Bitterschokolade rühren und die Mischung auf den noch freien Bahnen eins, drei und fünf verstreichen. Anschließend der Breite und Länge nach drei- bis viermal mit einem Messer Wellenlinien durch die Bahnen ziehen.

Das Blech kalt stellen, bis die Schokolade fest geworden ist. Schokoladenbruch in Stücke schneiden oder brechen und auf einer Servierplatte zusammen mit Kaffee oder frischen Beeren servieren.

Selbst gemachte Marshmallows mit Kokos

Für dieses Rezept benötigen Sie ein elektrisches Handrührgerät und ein Zuckerthermometer. Ansonsten ist die Zubereitung der Marshmallows aber bemerkenswert einfach, und das Ergebnis hat Wow-Effekt.

Zubereitung: 15 Min.
Garen: 25 Min. +
 3 Std. Festwerden
Ergibt 28 Stück

Traubenkernöl oder ein anderes geschmacksneutrales Öl zum Einfetten
150 g Kokosraspel
75 g Puderzucker
2 EL Speisestärke
125 ml frisch gepresster Orangensaft (von 2 großen Orangen)
60 ml frisch gepresster Limettensaft (von 2 großen Limetten)
6 TL gemahlene Gelatine
450 g feiner Zucker
2 Eiweiß, raumtemperiert
1 Prise Salz

Eine flache Form von etwa 35 x 20 cm Größe leicht einölen. Kokosraspel, Puderzucker und Speisestärke vermengen und den Boden der Form gleichmäßig mit der Hälfte der Kokosmischung bestreuen. Restliche Kokosmischung beiseitestellen.

Orangen- und Limettensaft in eine kleine Schüssel gießen, Gelatine darüberstreuen und die Schüssel beiseitestellen. Zucker mit 250 ml Wasser in einen Topf geben und bei schwacher Hitze unter Rühren auflösen. Die Temperatur auf mittlere Hitze erhöhen und das Zuckerwasser zum Sirup kochen, bis es auf dem Zuckerthermometer 125 °C erreicht hat. Das dauert etwa 15 Min.

Inzwischen Eiweiße mit dem Salz in eine saubere, fettfreie Schüssel geben und mit dem elektrischen Handrührgerät schaumig schlagen.

Sobald der Zuckersirup 125 °C erreicht hat, den Topf vom Herd nehmen, Gelatine-Saft hineingießen und die Gelatine unter Rühren im Sirup auflösen (beim Zufügen des Safts wird der Sirup zunächst etwas aufsprudeln). Den heißen Zitrus-Gelatine-Sirup nach und nach mit dem Handrührgerät auf mittlerer Stufe in den Eiweißschaum einarbeiten und rühren, bis die Masse ihr Volumen verdoppelt hat. Anschließend auf kleinerer Stufe etwa 8–10 Min. weiterrühren, bis sich die Schüssel warm anfühlt. Die Masse in die vorbereitete Form geben und mit einem leicht eingeölten Spatel gleichmäßig verstreichen. Großzügig mit der beiseitegestellten Kokosmischung bestreuen.

Marshmallow-Masse etwa 3 Std. bei Raumtemperatur fest werden lassen. Mit einem scharfen Messer, dessen Klinge heiß, aber trocken sein muss, die fest gewordene Masse in einzelne Marshmallows schneiden. Die Masse dafür zuerst der Breite nach in 6–7 Streifen, dann der Länge nach in 4 Streifen schneiden. Die Marshmallows in der restlichen Kokosmischung wälzen.

Wenn Sie die Marshmallows nicht gleich verwenden, in eine Vorratsdose schichten, dabei jede Lage mit übriger Kokosmischung bestreuen und mit Pergamentpapier von der nächsten trennen. Luftdicht verschlossen können die Marshmallows bei Raumtemperatur 2–3 Wochen aufbewahrt werden. Marshmallows schmecken übrigens geröstet ganz besonders gut. Dafür die Marshmallows einzeln auf Holzspieße stecken und entweder über die heiße Glut eines Feuers halten oder mit einem Flambierbrenner karamellisieren.

Mit so einfachen Ritualen wie dem Grillen von Marshmallows schaffen wir unauslöschliche Erinnerungen an gemeinsame Essen.

Tarte mit karamellisierten Zwiebeln und Schafskäse

❧

Geschmorter Ochsenschwanz mit Sternanis

Pastinaken-Möhren-Püree

Pak Choi mit Ingwer

❧

Gebackene Birnen in Rotweinsirup

Aus dem Obstgarten

Wachstum und Vollendung – gekrönt von reifer Saftigkeit und duftender Süße in köstlichen Backwaren und Desserts.

Es ist dieser fast kindlich zu nennende sinnliche Moment, eine perfekt gereifte Frucht vom Baum zu pflücken und sie noch sonnendurchwärmt zu verschlingen, während einem achtlos der Fruchtsaft auf die Kleidung tropft und man sich einzig der Explosion an Geschmack und Saftigkeit überlassen will – es ist dieser besondere Moment, in dem das Staunen zurückkehrt über das Vergnügen an einfachen Dingen.

Als unsere Kinder noch klein waren, verbrachten wir einen Sommer in Sizilien und fuhren jede Woche zur Küste hinunter nach Trapani zum dortigen Wochenmarkt. Ich hatte bereits im Zickzackkurs den Markt umrundet, als mir aus Zufall ein alter Mann mit einer Holzkiste auffiel, in der die duftendsten weißen Pfirsiche lagen, die ich je gegessen hatte. Der alte Mann hatte sie am Morgen frisch in seinem Garten gepflückt. Ich kaufte die gesamte Kiste – 13 schwere, betörend aromatische, weichschalige, ungemein saftige weiße Pfirsiche – und aß die Früchte in einem Anfall von kindlicher Gier an einem einzigen Nachmittag auf – ohne Bedauern.

Seitdem war ich immer wieder auf der Suche nach dieser besonderen weißen Pfirsichsorte oder etwas Vergleichbarem für meinen eigenen Garten, aber ich habe nie dieses unverwechselbare Pfirsicharoma wiedergefunden. Und vielleicht ist das sogar gut so, denn die Erinnerung daran hat sich in mein Gedächtnis eingegraben und ist verwoben mit anderen Eindrücken dieses besonderen Tages: mit meiner damals sechsjährigen Tochter Rose, in langen Hosen und einem pinkfarben gestreiften Kleid, die vor Vergnügen über ihr gigantisch großes Eis aus dem Lachen nicht herauskam, mit dem Fischer und seinem Sohn in ihrem kleinen blau-weißen Boot, die ihre Netze einholten, oder mit dem besonderen Lichteinfall auf eine Mauer mit scharlachroten Bougainvilleen. Es sind kurze intensive Momente, die vorüberziehen und eine Zeitlang vergessen sind, um dann eines Tages wieder vor uns zu stehen und uns mit neuer Energie zu füllen. Und all das dank eines Pfirsichs.

Lemon Curd

Die Zubereitung dieser wunderbaren Zitronencreme, die übrigens zu einem meiner vielseitig verwendbaren Kühlschrankvorräten zählt, erfolgt auf einem Wasserbad. Durch die indirekte Hitze lassen sich empfindliche Lebensmittel wie zum Beispiel Eier schonend verarbeiten. Sie brauchen zwei Töpfe, einer davon etwas größer als der andere, oder eine hitzefeste Glas- oder aber Metallschüssel, die auf den Topf gesetzt wird, in dem Wasser köchelt. Lemon Curd ist ein idealer Geschmacksgeber für Süßspeisen wie die Zitronen-Baiser-Creme (siehe unten) oder dient als köstliche Füllung für Törtchen (siehe Seite 257).

Zubereitung: 10 Min.
Garen: 12–15 Min.
Ergibt etwa 4 Gläser zu je 250 ml

335 g feiner Zucker
220 g Butter, gewürfelt
fein abgeriebene Schale von 1 Bio-Zitrone
300 ml frisch gepresster Zitronensaft (etwa 6 saftige Zitronen), durchgeseiht
6 Eier (Größe L)

Vier mittelgroße Schraubdeckelgläser (je 250 ml Inhalt) gründlich waschen und sterilisieren. Zucker, Butter, Zitronenschale und -saft in einen Schlagkessel oder eine hitzefeste Schüssel geben und auf einen Topf mit kochendem Wasser setzen. Das Wasser darf den Schlagkessel oder die Schüssel nicht berühren. Die Butter bei mittlerer Hitze schmelzen lassen.

In einer zweiten Schüssel die Eier aufschlagen, anschließend unter die Butter-Zitronen-Mischung auf dem Wasserbad rühren. Die Masse auf dem Wasserbad bei mäßiger Hitze unter ständigem Rühren mit einem Holzlöffel in 3–5 Min. cremig werden lassen, bis sie den Rücken des Holzlöffels dicklich überzieht. Achten Sie darauf, dass die Creme nicht kocht. Sie ist fertig, wenn Sie mit einem Finger durch die Cremeschicht auf dem Holzlöffel fahren und eine Spur stehen bleibt.

Schlagkessel oder Schüssel sofort vom heißen Topf heben und die Creme nochmals durchrühren, damit sie am Schüsselboden nicht überhitzt wird. Sollte sie Ihnen jetzt zu flüssig erscheinen, keine Sorge: Sie dickt beim Abkühlen wieder ein. Die heiße Creme in einen Krug abseihen, um Reste von Zitronenschale und Spuren von Eiweiß zu entfernen, anschließend in die heißen, sterilisierten Gläser gießen und die Gläser fest verschließen. Lemon Curd hält sich mehrere Wochen im Kühlschrank.

Zitronen-Baiser-Creme

In einer großen Schüssel 600 g Sahne mit 1 TL Vanilleextrakt halbsteif schlagen. 180 ml Lemon Curd (siehe oben) und 4 grob zerbröselte Baisers unterziehen. In Gläser mit Bügelverschluss füllen, die Gläser verschließen und bis zu 6 Std. kalt stellen. Zitronen-Baiser-Creme mit Kiwiwürfeln oder anderem Obst garnieren und mit gerösteten Kokosraspeln bestreut servieren. Hält sich bis zu 6 Std. im Kühlschrank. Für 4–6 Personen.

Lemon-Curd-Törtchen

Diese unwiderstehlichen Törtchen machen sich gut auf einer Kaffeetafel oder als Teil einer Dessertplatte. Sie werden aus einem absolut gelingsicheren Polentateig zubereitet, der im Gegensatz zu Mürbeteig nicht blindgebacken werden muss, und mit Lemon Curd (siehe Seite 254) gefüllt. Und wenn es mal ganz schnell gehen muss, streichen Sie die Zitronencreme einfach auf fertige Tarteletteböden.

Zubereitung: 10 Min. + Ruhen
Backen: 20–25 Min.
Ergibt 30 Stück

Für den Polentateig
150 g weiche Butter
150 g Zucker
1 Ei
250 g Mehl
80 g Maisgrieß (Polenta)

Für die Füllung
1½ Gläser Lemon Curd (siehe S. 254)

Zum Garnieren
30 frische Himbeeren

Den Backofen auf 160 °C vorheizen und 30 Mini-Muffinförmchen einfetten. Butter und Zucker in einer mittelgroßen Schüssel hell und cremig schlagen, das Ei einarbeiten, dann nach und nach Mehl und Maisgrieß unterrühren, bis ein homogener Teig entsteht.

Den Teig in der Schüssel 20 Min. ruhen lassen, anschließend auf einer leicht bemehlten Arbeitsfläche 5 mm dick ausrollen. Mit einer runden Ausstechform 30 kleine Kreise von etwa 5 cm ausstechen und den Boden und die Seiten der Muffinförmchen mit je 1 Teigkreis auskleiden. Im Ofen 20–25 Min. backen, bis sie knusprig und goldgelb sind. Auskühlen lassen.

Wenn Sie die Törtchen nicht gleich verwenden wollen, lassen sie sich in einer luftdicht verschlossenen Dose aufbewahren. Die Törtchen bis zu 2 Std. vor dem Servieren mit Lemon Curd füllen und mit je 1 Himbeere garnieren.

Himbeersauce

Einer meiner Vorräte im Kühlschrank, den ich zu Desserts reiche, mit Joghurt oder Schlagsahne vermische oder über den wirklich besten Schokoladenkuchen (siehe Seite 238) träufle. Für ein schnelles Dessert geben Sie einfach ein paar Kugeln Eis in hübsche Schalen oder Gläser, übergießen sie mit etwas Himbeersauce und garnieren sie mit frischen Beeren.

Zubereitung: 5 Min.
Garen: 2 Min.
Ergibt gut 400 ml

450 g Himbeeren
115 g feiner Zucker

Himbeeren in einen Topf geben, mit Zucker und 30 ml Wasser vermischen und zum Köcheln bringen. Den Topf vom Herd nehmen und die Beeren mit ihrer Flüssigkeit durch ein feines Sieb streichen oder in einem Passiergerät passieren, um den Saft aus den Beeren zu pressen und die Kerne zu entfernen. Die Himbeersauce hält sich abgedeckt im Kühlschrank bis zu 10 Tage.

Himbeer-Joghurt-Dessert

Von 2 Schälchen Himbeeren einige Beeren in 6–8 Stielgläser geben, die Gläser mit Joghurt füllen und den Joghurt mit Himbeersauce (siehe oben) beträufeln. Mit frischen Himbeeren garnieren. Für 6–8 Personen.

Alles, was nur eine kurze Zeit im Jahr Saison hat, erfüllt uns mit Vorfreude auf diesen seltenen Genuss.

Geeiste Erdbeertorte

Ohne Übertreibung: Diese Torte grenzt an Magie. Sie sieht außerdem wirklich beeindruckend aus, macht aber nicht viel Arbeit und lässt sich für eine entspannte Essenseinladung auch einige Tage im Voraus zubereiten. Beim Garnieren mit frischen Beeren haben Sie freie Wahl. Die Kokosraspel sorgen für tropische Geschmacksnoten und für eine interessante Textur des Tortenbodens.

Zubereitung: 15 Min.
Anfrieren: 4 Std.
Für 10–12 Personen

150 g Butterkekse
50 g Kokosraspel
1½ TL gemahlener Zimt
100 g Butter, geschmolzen

Für die Füllung
2 Eiweiß, raumtemperiert
225 g Zucker
250 g reife Erdbeeren, geputzt, in Scheiben geschnitten
1 EL frisch gepresster Zitronensaft
1 TL Vanilleextrakt

Zum Garnieren
frische Himbeeren
Himbeersauce (siehe S. 258)

Den Boden einer 26–28 cm großen Springform mit Back- oder Pergamentpapier auslegen. So lässt sich die Torte später leichter aus der Form lösen.

Für den Tortenboden die Kekse in einen sauberen Plastikbeutel geben und mithilfe eines Teigrollers zerbröseln. Keksbrösel in eine mittelgroße Schüssel füllen, Kokosraspel, Zimt und die geschmolzene Butter sorgfältig unterrühren.

Die Keksmasse fest in die vorbereitete Springform drücken, sodass der Boden gut, aber nicht zu dick davon bedeckt ist. In den Kühlschrank stellen, während Sie die Füllung zubereiten.

Eiweiße, Zucker, Erdbeerscheiben, Zitronensaft und Vanilleextrakt in die saubere, fettfreie Rührschüssel eines Mixers geben und auf hoher Stufe 6–8 Min. aufschlagen, bis die Masse sehr dick und luftig ist und sich der Zucker vollständig aufgelöst hat. Das können Sie prüfen, indem Sie etwas von der Masse zwischen zwei Fingern zerreiben. Wenn sie sich nicht mehr körnig anfühlt, ist sie fertig. Andernfalls noch ein wenig weiterschlagen.

Füllung auf den gekühlten Tortenboden löffeln, gleichmäßig in der Form verteilen und die Oberfläche glatt streichen. Mit einem Stück Backpapier abdecken und mind. 4 Std. ins Tiefkühlfach stellen. Oder in einem luftdichten Behälter bis zu einem Monat einfrieren.

Zum Servieren die Torte mit einem in heißes Wasser getauchten Messer in Stücke schneiden. Tortenstücke mit den Beeren garnieren und mit Himbeersauce beträufeln.

Himbeer-Schoko-Tartelettes

Unwiderstehliche samtige Schokoladencreme trifft auf aromatische Himbeeren und knusprigen, butterigen Teig in diesen göttlichen kleinen Wonnehappen. Die Menge des Teigs reicht für rund 90 Tartelettes oder für drei größere Tartes. Nicht verwendete Teigportionen lassen sich problemlos einfrieren.

Zubereitung: 15 Min. +
 10 Min. Kühlen
Backen: 22–25 Min.
Ergibt 30 Törtchen

Für den Teig
360 g weiche Butter
170 g Zucker
1 Ei
500 g Mehl
1 Prise Salz

Für die Füllung
1 Rezept Schoko-Ganache
(siehe S. 240)

Zum Garnieren
30 frische Himbeeren

Für den Teig zuerst Butter und Zucker in einer Schüssel hell und cremig schlagen, dann das Ei unterrühren. Mehl und Salz hinzufügen und weiterschlagen, bis ein zusammenhängender, ziemlich weicher Teig entsteht. Mit leicht bemehlten Händen den Teig in drei gleich große Portionen teilen. Die Teigportionen, die Sie nicht gleich weiterverarbeiten, in Pergamentpapier wickeln und für eine spätere Verwendung kalt stellen oder einfrieren.

30 Mini-Muffinförmchen (je etwa 5 cm Durchmesser) einfetten. Eine Portion Teig zwischen zwei Lagen Backpapier etwa 5 mm dick ausrollen. Mit einer runden Ausstechform 30 Teigkreise passend für die Muffinförmchen ausstechen und die Förmchen jeweils mit 1 Teigkreis auskleiden. Stellen, an den der Teig reißt, wieder zusammenfügen. Ausgekleidete Förmchen für mind. 10 Min. in den Kühlschrank stellen, während Sie den Backofen auf 160 °C vorheizen.

Den Teigboden in den Förmchen jeweils mit Backpapier belegen und eine Schicht getrocknete Hülsenfrüchte oder Reis auf das Papier geben. Anschließend 12–15 Min. blindbacken, bis Sie das Backpapier mit den Hülsenfrüchten herausheben können, ohne dass es am Teig kleben bleibt. Aber nicht zu lange backen, sonst werden die Tartelettes beim zweiten Backdurchgang zu dunkel.

Förmchen zurück in den Ofen stellen und die Tartelettes weitere 10 Min. backen, bis sie goldgelb und knusprig sind. Tartelettes in den Förmchen auskühlen lassen.

Tartelettes aus den Förmchen nehmen und gekühlte Schoko-Ganache mit einem Spritzbeutel einfüllen. Für eine gleichmäßigere, glattere Füllung die Ganache aufwärmen und in die Tartelettes gießen. Etwa 1 Std. abkühlen lassen, damit die Ganache wieder fest wird. Vor dem Servieren die Tartelettes mit je 1 Himbeere garnieren.

Aus dem Obstgarten

Schokoladentiramisu mit Kirschen

Manche Rezepte machen aus diesem Dessertklassiker unnötigerweise eine höchst komplizierte Angelegenheit. Meine Version dagegen ist kinderleicht und dabei unverschämt gut. Traditionellerweise enthält Tiramisu Kaffee und/oder Alkohol, ich bereite es – auch aus Rücksicht auf meine Kinder – mit Himbeersauce (siehe Seite 258) zu. Ganz schnell geht es, wenn Sie fertigen Schokoladenkuchen oder -biskuit nehmen.

Zubereitung: 15 Min. +
4–24 Std. Kühlen
Für 8–10 Personen

4 Eier, getrennt
400 g Mascarpone
4 EL brauner Zucker
1 TL Vanilleextrakt
1 Schokoladenkuchen (23 cm groß) oder 300 g dunkler Biskuit (Fertigprodukte), in 2 cm große Stücke gebrochen
250 ml Himbeersauce (siehe S. 258)
800 g frische Kirschen, entsteint, oder 500 g frische oder TK-Himbeeren oder andere Beeren

Zum Garnieren
300 g Sahne
2 EL Kakao

In einer Schüssel Eigelbe, Mascarpone, Zucker und Vanille mit einem Holzlöffel dick und cremig aufschlagen. Beiseitestellen.

In einer fettfreien Schüssel die Eiweiße zu weichem Schnee schlagen. Eischnee behutsam unter die Marscarpone-Mischung heben.

In eine große Glasschüssel ein Drittel der Kuchen- oder Biskuitstücke geben und mit einem Drittel der Himbeersauce beträufeln. Die Hälfte der Mascarponemasse darüberlöffeln und mit der Hälfte der Kirschen oder Beeren bedecken.

Ein weiteres Drittel der Kuchen- oder Biskuitstücke einschichten, wieder ein Drittel Himbeersauce darüberträufeln und die restliche Mascarponemasse darauf verteilen. Mit den übrigen Kirschen oder Beeren belegen, das restliche Kuchen- oder Biskuitdrittel darüberstreuen und mit der übrigen Sauce beträufeln. Schüssel abdecken und das Tiramisu mind. 4 Std. oder bis zu 24 Std. kalt stellen.

Kurz vor dem Servieren die Sahne halbsteif schlagen, auf dem Tiramisu verstreichen und Kakao darübersieben. Bei Bedarf bis zum Servieren nochmals kalt stellen.

Reispapierröllchen mit Garnelen und Minze mit Chili-Limetten-Sauce zum Dippen

༄

Würzige Hähnchenspieße mit Chermoula-Dip

Marokkanischer Gurkensalat

Mais-Avocado-Salat

Kartoffelsalat mit Kapern und Minze

༄

Schokoladentiramisu mit Kirschen

Selbst gemachte Marshmallows mit Kokos

Rhabarber-Beeren-Crumbles

Damit diese kleinen Fruchtaufläufe nicht durchweichen, muss der Fruchtsaft angedickt werden. Dafür mische ich etwas Speisestärke unter die Früchte, bevor sie gebacken werden. Die Streusel, die obendrauf kommen, bereite ich gern auf Vorrat zu, denn man kann sie einfrieren oder bis zu vier Wochen im Kühlschrank aufbewahren. Mit diesem Rezept bereiten Sie also mehr Streusel zu, als sie für das Dessert brauchen, aber sie schmecken köstlich in Joghurt mit frischen Früchten oder in meinen Karamellriegeln (siehe Seite 271) und können auch als knuspriger Kuchenbelag (siehe Seite 272) verwendet werden.

Zubereitung: 5 Min.
Backen: 35–40 Min.
Für 6–8 Personen

Für die Streusel

300 g Mehl

100 g gemahlene Mandeln (oder insgesamt 450 g Mehl verwenden)

300 g brauner Zucker

200 g sehr zarte Haferflocken

150 g gehackte Mandeln oder Mandelstifte

2 TL Spekulatiusgewürz

250 g Butter, geschmolzen

Für die Fruchtfüllung

500 g Rhabarber, geschält, in 1 cm große Stücke geschnitten

400 g Beeren

2 TL Speisestärke

115 g Zucker

Zum Servieren

Crème fraîche (siehe S. 224)

Vanilleeis oder geschlagene Sahne

einige frische Himbeeren

Den Backofen auf 160 °C vorheizen. Für die Streusel alle trockenen Zutaten in einer großen Rührschüssel gut vermischen, anschließend die geschmolzene Butter mit einem Holzlöffel gründlich einarbeiten.

Rhabarberstücke und Beeren gleichmäßig in 6–8 Souffléförmchen von 15 cm Größe geben. Speisestärke mit dem Zucker vermischen und zu gleichen Teilen über die Früchte streuen.

In jedes Förmchen etwa 8 EL Streuselmischung drücken. Förmchen in den Ofen stellen und die Crumbles 35–40 Min. backen, bis sie auf der Oberseite goldgelb und knusprig sind. Mit einem Klecks Crème fraîche, Vanilleeis oder geschlagener Sahne garnieren und die Crumbles mit frischen Himbeeren servieren.

Restliche Streuselmischung im Kühlschrank oder Tiefkühlfach für eine spätere Verwendung aufbewahren.

Knusperjoghurt mit frischen Früchten

Die gebackenen Streusel (siehe Seite 268) sorgen für Süße und Knusprigkeit im Joghurt, und die Heidelbeeren für fruchtige Überraschungen am Gaumen. Von den gebackenen Streuseln halte ich in luftdicht verschlossenen Dosen gern einen Vorrat, weil sie sich so wunderbar für schnelle Snacks und Desserts eignen.

Zubereitung: 5 Min.
Backen: 20–30 Min.
Für 6 Personen

2 Becher (je 250 ml Inhalt) Streusel (siehe S. 268)
750 g dickcremiger Naturjoghurt (z. B. griechischer)
1 Schälchen frische Heidelbeeren

Den Backofen auf 160 °C vorheizen. Streusel auf einem Backblech ausbreiten und in 20–30 Min. knusprig und goldbraun backen, dabei ab und zu wenden. Aus dem Ofen nehmen und abkühlen lassen.

In sechs Dessertgläser oder Förmchen jeweils 125 g Joghurt füllen, mit je 2–3 EL gebackenen Streuseln bestreuen und mit Heidelbeeren garnieren. Die restlichen gebackenen Streusel halten sich luftdicht verschlossen mehrere Wochen.

Knusprige Karamellriegel

Sollten Sie Streusel (siehe Seite 268) vorrätig haben, trennen Sie nur noch 40 Minuten von diesen gefährlich nach mehr schmeckenden Riegeln.

Zubereitung: 10 Min.
Backen: 35–40 Min.
Ergibt etwa 20 Stück

3 Becher (je 250 ml) Streusel (siehe S. 268)
300 g Haferflocken
1 Dose (400 g) gezuckerte Kondensmilch
250 g weiße Schokolade

Den Backofen auf 160 °C vorheizen. Ein 30 x 22 cm großes Backblech mit Rand mit Backpapier auslegen.

In einer großen Schüssel Streusel und Haferflocken vermengen, Kondensmilch dazugießen und alles gut vermischen. Die Mischung gleichmäßig auf das vorbereitete Backblech drücken und in 35–40 Min. goldbraun und knusprig backen. Noch heiß in 3 x 10 cm große Riegel schneiden und auf dem Blech auskühlen lassen.

Weiße Schokolade in Stücke brechen und in einer trockenen, mikrowellentauglichen Schüssel entweder 1 Min. in der Mikrowelle schmelzen, dabei alle 20 Sek. umrühren, oder in einer hitzefesten Schüssel auf dem Wasserbad schmelzen. Ausgekühlte Riegel mit flüssiger Schokolade verzieren und die Schokolade fest werden lassen. In luftdicht verschlossenen Dosen an einem kühlen Ort aufbewahren.

Aus dem Obstgarten

Heidelbeerkuchen mit Knusperstreuseln

Auch als knuspriger Kuchenbelag wie hier machen sich meine Streusel (siehe Seite 268) ganz wunderbar. Im Sommer backe ich den Kuchen anstelle der Beeren auch gern mit 6–8 entsteinten, in Spalten geschnittenen Aprikosen. Im Frühling schmeckt Rhabarber gut – nehmen Sie 3–4 Stangen und schneiden Sie sie sehr klein –, und im Herbst sind in Spalten geschnittene Zwetschgen oder Äpfel meine Favoriten. Für Letztere aromatisiere ich die Streusel lieber mit 1 TL gemahlenem Ingwer anstelle des Spekulatiusgewürzes.

Zubereitung: 15 Min.
Backen: 50–60 Min.
Für 8–10 Personen

- 140 g weiche Butter
- 225 g Zucker
- 2 Eier, raumtemperiert
- 1 TL Vanilleextrakt
- 180 g Naturjoghurt
- 300 g Mehl
- 3 TL Backpulver
- ½ TL Natron
- 300 g frische oder TK-Heidelbeeren
- 1½ Becher (je 250 ml Inhalt) Streusel (siehe S. 268)

Den Backofen auf 180 °C vorheizen. Den Rand einer 26 cm großen Springform einfetten und den Boden mit Backpapier belegen.

Butter und Zucker hell und cremig schlagen. Eier und Vanilleextrakt gründlich unterrühren, dann den Joghurt einarbeiten. Mehl, Backpulver und Natron darübersieben und behutsam unterrühren, bis ein homogener, sehr dicker Teig entsteht. In die Form füllen, gleichmäßig verstreichen und erst die Heidelbeeren, dann die Streusel darüberstreuen.

Form für 50–60 Min. in den Ofen schieben, bis der Kuchen goldbraun ist und ein in die Mitte des Kuchens hineingesteckter Holzspieß sauber wieder herauskommt. In der Form 15 Min. abkühlen lassen, anschließend aus der Form lösen und auskühlen lassen. Den Kuchen in Stücke schneiden und servieren oder in einem luftdicht verschlossenen Behälter aufbewahren.

In dieser hektischen Welt erweist sich Kochen als wirksamste Art und Weise im Hier und Jetzt zu leben.

Gestürzter Dattel-Birnen-Kuchen

Ein klein wenig habe ich diesen Kuchenklassiker abgewandelt, aber nach wie vor ist es eines dieser tollen Rezepte, bei denen man Butter und Zucker nicht erst cremig rühren muss. Wenn Sie mehrere kleinere Kuchen backen möchten, schneiden Sie die Birnen in dünnere Scheiben oder in Stücke und backen Sie den Teig in Muffinförmchen.

Zubereitung: 10 Min.
Backen: 35–40 Min.
Für 8 Personen

200 g entsteinte Datteln
1 TL Natron
60 g Butter, klein gewürfelt
200 g brauner Zucker
2 Eier
225 g Mehl
2 TL Backpulver
1 TL Vanilleextrakt
1 TL gemahlener Ingwer
2 Birnen, geschält, Kerngehäuse entfernt, in dünne Scheiben geschnitten

Zum Servieren
verführerische Toffeesauce (siehe unten)

Den Backofen auf 180 °C vorheizen. Den Rand einer 26 cm großen runden Backform einfetten, den Boden mit Backpapier belegen.

Datteln mit 300 ml Wasser und dem Natron in einen ausreichend großen Topf füllen und 5 Min. kochen lassen. Vom Herd nehmen und die Datteln mit einem Kartoffelstampfer zerdrücken.

Butterstückchen dazugeben und unter Rühren in der Dattelmasse schmelzen lassen. Zucker und Eier untermixen. Das Mehl mit dem Backpulver vermischen und zusammen mit Vanille und gemahlenem Ingwer unterrühren.

Die Birnenscheiben auf dem Boden der Form kreisförmig auslegen und einige Scheiben in der Mitte platzieren. Teig in die Form gießen und glatt streichen. Die Birnenscheiben müssen vollständig mit Teig bedeckt sein.

Form für 35–40 Min. in den Ofen schieben, bis der Kuchen goldbraun ist und ein in die Mitte des Kuchens hineingesteckter Holzspieß sauber wieder herauskommt. Kuchen in der Form mind. 10 Min. abkühlen lassen, dann auf eine Servierplatte stürzen und das Backpapier abziehen. Mit warmer Toffeesauce servieren.

Der Kuchen hält sich gut 1–2 Tage oder kann eingefroren werden. Zum Servieren auftauen lassen und leicht erwärmen – 10 Min. im Backofen oder 2–3 Min. in der Mikrowelle.

Verführerische Toffeesauce

In einen Topf 125 ml Wasser gießen und 450 g feinen Zucker einstreuen. Den Zucker bei mittlerer Hitze auflösen und aufkochen lassen, dabei nicht umrühren, sondern nur den Topf gelegentlich schwenken. Ohne zu rühren etwa 8–10 Min. weiterkochen, bis der Zuckersirup bernsteinfarben ist. (Widerstehen Sie der Versuchung umzurühren, andernfalls könnte der Zucker auskristallisieren. Zuckerkristalle, die sich rundherum am Topfrand abgesetzt haben, mit einem feuchten Pinsel aufnehmen.) Den Topf vom Herd nehmen, 500 g Sahne und 2 TL Vanilleextrakt hineingießen und die Toffeesauce glatt rühren. Nicht verwendete Sauce können Sie im Kühlschrank aufbewahren und vor dem Servieren wieder aufwärmen. Ergibt 750 ml.

Vanille-Obstkuchen

Mit diesem großartigen Rezept können Sie entweder einen großen Obstkuchen vom Blech zubereiten oder zwei mittelgroße in der Springform – einen für sofortigen Genuss, den anderen fürs Tiefkühlfach. Nehmen Sie an Steinobst, was gerade Saison hat, etwa Zwetschgen, Aprikosen oder Pfirsiche.

Zubereitung: 20 Min.
Backen: 50–60 Min.
Für 10–12 Personen

12 Zwetschgen oder Aprikosen oder 6 Pfirsiche
300 g Butter
335 g Zucker
3 Eier
fein abgeriebene Schale von 1 Bio-Zitrone
1 TL Vanilleextrakt
250 ml Buttermilch oder Naturjoghurt
500 g Mehl
4 TL Backpulver

Zum Bestäuben
2 EL Puderzucker

Den Backofen auf 160 °C vorheizen. Ein Backblech oder zwei 18 cm große Springformen einfetten und mit Backpapier auslegen. Zwetschgen oder Aprikosen halbieren, Pfirsiche vierteln. Die Früchte entsteinen und beiseitestellen.

Butter und Zucker hell und cremig rühren. Nacheinander die Eier einzeln unterschlagen. Zitronenschale und Vanille unterrühren, dann die Buttermilch oder den Joghurt. Mehl mit Backpulver vermischen und behutsam unterheben, bis ein zusammenhängender Teig entsteht. Den Teig aber nicht zu lange rühren.

Teig aufs Backblech oder in die Springformen geben und glatt streichen. Früchte mit der Schnittfläche nach oben darauf verteilen.

Kuchen auf dem Blech oder in den Formen 50–60 Min. backen, bis er goldbraun ist und die Früchte etwas eingesunken sind. Abkühlen lassen und mit Puderzucker bestäubt servieren. Oder für eine spätere Verwendung einfrieren.

Zwetschgenmuffins

Den Backofen auf 160 °C vorheizen und 30 Muffinförmchen leicht einfetten. 15 Zwetschgen halbieren und entsteinen. Den Teig wie für den Vanille-Obstkuchen (siehe oben) zubereiten. Jeweils 1 gehäuften EL Teig in die Muffinförmchen füllen und 1 Zwetschgenhälfte mit der Schnittfläche nach oben darauflegen. Muffins 25 Min. backen, bis sie goldbraun sind. Aus dem Ofen nehmen und mind. 15 Min. in den Förmchen abkühlen lassen. Aus den Förmchen lösen und mit Puderzucker bestäubt servieren. Ergibt 30 Stück.

Backen, das heißt Freude bereiten und Freude zurückbekommen.

Gegrillte Sommerfrüchte und Feigen

Ein schnelles und leicht zuzubereitendes Dessert sind gegrillte frische Früchte, die in diesem Rezept mit etwas Portweinsirup (siehe unten) abgerundet werden. Ich habe halbierte Pfirsiche, Aprikosen und Feigen verwendet, aber dieses Rezept gelingt mit allen Früchten, die der Sommer bereithält. Sie haben die freie Wahl.

Zubereitung: 10 Min.
Grillen: 8–10 Min.
Für 6 Personen

1 kg gemischte Früchte wie Pfirsiche, Aprikosen und Feigen
75 g Puderzucker

Zum Servieren
½ Rezept Portweinsirup (siehe unten)

Die Früchte halbieren, Pfirsiche und Aprikosen entsteinen. Alle Früchte jeweils mit der Schnittfläche nach oben auf ein Backblech setzen und gleichmäßig mit Puderzucker bestäuben.

Das Blech im Abstand von etwa 10 cm unter den heißen Backofengrill schieben und die Früchte 8–10 Min. grillen, bis der Zucker Blasen wirft und zu karamellisieren beginnt. Früchte mit warmem Portweinsirup beträufeln und sofort servieren.

Portweinsirup

Mit diesem reichhaltigen Sirup können Sie frische Früchte oder gegarte Fruchtdesserts wie beispielsweise die gegrillten Sommerfrüchte und Feigen (siehe oben) wunderbar verfeinern. Ich bereite den Sirup meist in großen Mengen zu, denn er hält sich wochenlang im Kühlschrank und lässt sich gut wieder aufwärmen.

Zubereitung: 5 Min.
Garen: 10 Min.
Ergibt 375 ml

250 ml Rotwein
250 ml Portwein
250 ml Honig
1 Zimtstange

Beide Weine, den Honig und die Zimtstange in eine tiefe Pfanne oder einen weiten Topf füllen. Zum Kochen bringen, dabei gelegentlich umrühren, und 10 Min. kräftig einkochen lassen, bis sich die Flüssigkeit um die Hälfte reduziert hat. Die Zimtstange herausfischen und den Portweinsirup warm über gegrilltes Obst träufeln.

Aus dem Obstgarten

Gebackene Birnen in Rotweinsirup

Die Birnen werden zuerst pochiert und dann gebacken, was ihnen eine herrlich intensive Geschmacksnote und einen unvergleichlichen Farbton verleiht. Sie schmecken am besten, wenn sie nach dem Pochieren in ihrem Sud abkühlen und bis zu drei Tage darin ziehen können. So nehmen die Birnen die Aromen und die Farbe des Rotweinsuds auf, bevor sie gebacken werden.

Zubereitung: 15 Min. + Kühlen und Durchziehen
Garen: 50 Min. Pochieren + 12–15 Min. Backen
Für 6–8 Personen

450 g Zucker
750 ml Rotwein (oder auch Granatapfelsaft)
2 Zimtstangen
4 Lorbeerblätter
1 Vanilleschote
6–8 reife, aber nicht zu weiche Birnen, mit Stiel

Zum Servieren
Crème fraîche (siehe S. 224)

Sie brauchen einen Topf, in dem die Birnen aufrecht und dicht nebeneinander stehen können. In diesem Topf den Zucker zusammen mit Wein, Zimtstangen, Lorbeerblättern und Vanilleschote erhitzen, bis er sich aufgelöst hat.

Die ganzen Birnen schälen, Stiele dabei aber nicht entfernen, und auf der Unterseite glatt schneiden, damit sie aufrecht in den Topf gesetzt werden können. Nebeneinander in die siedende Flüssigkeit geben; die Birnen sollen dabei so gut wie möglich von Flüssigkeit bedeckt sein. 30 Min. pochieren, dabei die Früchte gelegentlich wenden.

Birnen in ihrem Sud abkühlen lassen, anschließend mit dem Sud in ein Gefäß umfüllen, abdecken und 24 Std. oder bis zu 3 Tage ziehen lassen. In dieser Zeit die Birnen gelegentlich wenden, damit sie eine gleichmäßige Färbung annehmen.

Birnen aus dem Sud heben und nebeneinander in eine flache Backform setzen.

Rotweinsud in einen Topf gießen, kräftig aufkochen und in etwa 20 Min. auf die Hälfte einkochen lassen. Lorbeerblätter, Zimtstangen und Vanilleschote aus dem Sirup entfernen. Nach Belieben die Vanilleschote abspülen, gut trocken tupfen und in einer Dose mit Zucker für eine spätere Verwendung aufbewahren.

Vor dem Servieren den Backofen auf 220 °C vorheizen. Birnen in der Form von allen Seiten großzügig mit Rotweinsirup bepinseln und 12–15 Min. im Ofen backen. Herausnehmen und sofort mit weiterem Sirup bestreichen. Birnen auf einzelnen Desserttellern anrichten, mit einem großen Löffel Sirup beträufeln und servieren. Dazu Crème fraîche reichen.

Bratäpfel mit Crème anglaise

Säuerliche Äpfel, mit Datteln, Walnüssen und Gewürzen gefüllt und langsam im Backofen gebraten, nehmen eine verlockend weiche Konsistenz an und bieten ein unvergleichliches Geschmackserlebnis.

Zubereitung: 30 Min.
Garen: etwa 1 Std. (abhängig von der Größe der Äpfel)
Für 6 Personen

6 säuerliche Äpfel (z.B. Boskop, Cox Orange oder Braeburn)
20 Datteln, entsteint, klein geschnitten
5 EL gehackte Walnusskerne
6 EL brauner Zucker
2 TL gemahlener Zimt
1 TL gemahlene Nelken
2 EL Ahornsirup
6 TL Butter

Zum Servieren
Crème anglaise (siehe S. 224)

Den Backofen auf 160 °C vorheizen. Am besten mit einem Apfelausstecher das Kerngehäuse der Äpfel sauber entfernen und mit einem kleinen Schälmesser die Öffnung der Äpfel weiter aushöhlen, bis sie einen Durchmesser von 2,5 cm hat. Mit einem scharfen Messer die Schale der Äpfel um die Mitte herum einschneiden (so platzt sie beim Braten gleichmäßig in der Mitte auf).

Datteln, Walnüsse, Zucker, Zimt und Nelken vermischen. Die Äpfel damit füllen und nebeneinander in eine flache Backform setzen.

Äpfel mit insgesamt 125 ml Wasser und dem Ahornsirup beträufeln und auf jeden Apfel 1 TL Butter setzen. Bei 160 °C etwa 1 Std. im Ofen braten, bis sie weich und schrumpelig sind und aufzuplatzen beginnen. Die Garzeit variiert etwas und hängt von der Größe der Äpfel ab.

Heiß servieren und zu jedem Apfel ein Schälchen Crème anglaise reichen.

Verjus

Was ich an dem »grünen Saft« so mag, ist, dass er aus nicht ausgereiften Trauben gewonnen wird, die andernfalls womöglich weggeworfen worden wären. Verjus (man nennt ihn auch Agrest) gibt es auch als Fertigprodukt, aber er lässt sich mit wenig Aufwand auch selbst herstellen. Einer der großen Vorzüge dieses erst unlängst wiederentdeckten sanft-säuerlichen Würzmittels ist, dass er Speisen zu erstaunlichem Aroma verhilft, ohne dass man Fett zugeben müsste. Sollten Sie nicht den gesamten Saft verwenden, können Sie ihn – ebenso wie die unreifen Trauben – auch einfrieren.

Zubereitung: 10 Min.
Ergibt 750 ml

1,6 kg unreife Trauben

Die Trauben in der Küchenmaschine pürieren. Das Traubenpüree durch ein mit vier bis fünf Lagen feinem Musselintuch ausgelegten Sieb passieren, um Schalen und Kerne zu entfernen. Den aufgefangenen Saft in einem Krug oder in einer Flasche bis zu 12 Std. kalt stellen oder für eine spätere Verwendung einfrieren.

Birnen in Verjus

Dieses Fruchtdessert sieht richtig nobel aus und schmeckt auch so, dabei ist seine Zubereitung traumhaft einfach. Wählen Sie einen Topf, in dem die Birnen aufrecht und dicht nebeneinander stehen können. Während des Pochierens nehmen die Früchte das feinsäuerliche Aroma des Verjus (siehe oben) auf und werden durch die Süße des Honigs und die feine Zimtnote geschmacklich perfekt ins Gleichgewicht gebracht.

Zubereitung: 15 Min.
Garen: 30 Min.
Für 6 Personen

6 reife, aber nicht zu weiche Birnen, mit Stiel
1 Rezept Verjus (siehe oben)
4 EL Honig
1 Zimtstange

Die ganzen Birnen schälen, die Stiele dabei aber nicht entfernen. Auf der Unterseite jeweils eine feine Scheibe glatt abschneiden, damit die Früchte zum Servieren aufrecht hingestellt werden können.

Verjus, Honig und Zimtstange in einem Topf zum Köcheln bringen, dabei ein- bis zweimal umrühren. Birnen darin 30 Min. pochieren, gelegentlich wenden.

Früchte aus dem Verjus-Sud heben und aufrecht in tiefe Servierteller stellen. Den Sud einkochen lassen, bis er auf zwei Drittel reduziert ist. Birnen mit dem Sirup beträufelt servieren. Sie halten sich aber auch über eine Woche im Kühlschrank.

Nektarinen in Verjus-Gelee

Mit selbst gemachten Fruchtgelees servieren Sie ein hübsches, leichtes Dessert, das sich bis zu einem Tag im Voraus zubereiten lässt. Ich mag den Geschmack von Verjus (siehe Seite 287) besonders gern, aber jeder andere Fruchtsaft oder auch ein Wein wie Riesling eignen sich ebenso. Hinsichtlich der Früchte können Sie Ihrer »Geschmacksfantasie« freien Lauf lassen.

Zubereitung: 15 Min. +
3 Std. Gelieren
Garen: 5 Min.
Für 6–8 Personen

1 Rezept Verjus (siehe S. 287) oder 750 ml Riesling

225 g Zucker

1 Vanilleschote, längs aufgeschlitzt, oder 1 TL Vanilleextrakt

5 TL gemahlene Gelatine

3 Nektarinen, in feine Würfel geschnitten, und 100 g grüne Weintrauben, halbiert, oder 400 g frische Früchte Ihrer Wahl (außer Kiwi und Papaya, die die Gelatine nicht fest werden lassen)

Verjus oder Wein, Zucker und Vanilleschote oder -extrakt in einem Topf knapp bis zum Siedepunkt erhitzen. Topf vom Herd nehmen und den Sud 10 Min. ziehen lassen.

Die Vanilleschote, falls verwendet, aus dem Sud entfernen, das Mark aber nicht herauskratzen. Die Schote abspülen, gut trocken tupfen und für eine spätere Verwendung in einer Dose Zucker aufbewahren.

Gelatine mit 125 ml Wasser anrühren und kurz quellen lassen. Gelatinelösung mit dem heißen Verjus-Sud verrühren, bis sich die Gelatine vollständig aufgelöst hat. Das erkennen Sie daran, dass kein Granulat mehr am Löffel haftet.

Die vorbereiteten Früchte auf sechs bis acht Gläser oder Glasschalen verteilen und den angedickten Verjus-Sud gleichmäßig darübergießen. Die Gelees mind. 3 Std. im Kühlschrank fest werden lassen und 10 Min. vor dem Servieren aus dem Kühlschrank nehmen.

Süße Honigbienen

Honig muss man einfach mögen. Dazu ist der süße Blütennektar, der von klugen Bienen gesammelt und konzentriert wird, ein zu köstlich duftender Stoff. Und sein Geschmack lässt die Blumen erahnen, von denen er stammt.

Mein Vater hielt über viele Jahre ein paar Stöcke recht wilder Bienen in unserem Hinterhof. Einmal im Jahr, wenn er seine Ernte einbrachte, stand das ganze Haus Kopf. Das Bad wurde unbenutzbar, weil er dort seine Filteranlagen aufbaute (wozu auch die neuen Nylonstrümpfe meiner Mutter requiriert wurden), eine riesige Trommelzentrifuge belegte die Waschküche, und im Elternschlafzimmer rührte eine Bohrmaschine eimerweise frischen und klaren Honig um.

Die Bienenköniginnen ließ sich mein Vater mit der Post schicken, und ich weiß noch, wie fasziniert ich als Kind war, wenn wieder eine der kleinen Schachteln durch den Briefkastenschlitz in unseren Flur polterte, während die Insassin in ihrem winzigen Gefängnis ruhig wartete, bereit, Abertausende von Eiern zu legen.

In der trockenen, kargen Gegend von Central Otago kann man sich nur schwer vorstellen, was sich für eine Honigbiene hier zu sammeln lohnt, doch zu bestimmten Zeiten im Jahr werden sie emsig – erst im Frühsommer, wenn der wilde Thymian blüht, später im Jahr wegen der Blauen Ochsenzunge, die bei uns Viper's Bugloss heißt.

Meine Angst, Schutzkleidung anzulegen, um dem Imker Reece Adamson bei der Ernte seines Biohonigs zu helfen, verflüchtigte sich in dem Moment, als er den Deckel des Stocks anhob. Wabe um Wabe war übervoll mit süßestem, herrlichstem Honig, das Ergebnis der kollektiven Mühe von 50 000 Bienen, von denen jede einzelne gerade mal einen Teelöffel voll produziert.

Bienen leben seit über 100 Millionen Jahren in Völkern wie diesem, sammeln Honig und bestäuben Pflanzen. Es ist kaum möglich, von ihnen und ihrer Bedeutung für unser Leben nicht beeindruckt zu sein. Ohne Bienen würden wir verhungern. Doch bei aller Wehrhaftigkeit sind Bienen zerbrechliche Geschöpfe und in unserer heutigen Zeit besonders gefährdet. Sie wachen über unsere eigene Existenz, darum müssen wir dafür sorgen, dass ihr Überleben und gutes Gedeihen gesichert bleibt.

Honig-Zitronencreme

Kaum ein Dessert bietet mehr bei so geringem Aufwand. Sahne wird mit Honig und Zucker erhitzt, dann etwas Zitronensaft untergemischt und heraus kommt ein köstliches, stichfestes Cremedessert, das auch problemlos bis zu 24 Stunden im Voraus zubereitet werden kann. Ich serviere die Creme gern in zierlichen, altmodischen Teetassen zusammen mit den gebackenen Quitten (siehe unten).

Zubereitung: 6 Min. +
   4 Std. Festwerden
Garen: 10 Min.
Für 6–8 Personen

600 g Sahne
8 EL flüssiger Honig
4 EL Zucker
100 ml frisch gepresster Zitronensaft, durchgeseiht

Zum Garnieren
frische Himbeeren

Sahne, Honig und Zucker in einem kleinen Topf bei mittlerer Hitze aufkochen und unter Rühren den Zucker auflösen. Die Hitze reduzieren und die Mischung 3 Min. sanft köcheln lassen.

Topf vom Herd nehmen und den Zitronensaft unterrühren. Die Creme durch ein feines Sieb in sechs bis acht Dessertförmchen oder Tassen streichen und an einem kühlen Ort in etwa 4 Std. fest werden lassen. Mit frischen Himbeeren garniert servieren.

Gebackene Quitten

Ganz wunderbar schmecken Quitten, wenn man sie bei niedriger Temperatur langsam im Backofen gart. In diesem Rezept nimmt das Quittenfruchtfleisch eine rötlich goldene Farbe an und zergeht zusammen mit dem gelierten Fruchtsaft förmlich auf der Zunge.

Zubereitung: 5 Min.
Backen: 4–5 Std.
Für 6 Personen

3 Quitten
250 ml fruchtiger Weißwein (z. B. Riesling oder Soave) oder Wasser
675 g Zucker

Den Backofen auf 150 °C vorheizen. Quitten heiß abwaschen und die pelzige Oberfläche abreiben. Die Früchte längs halbieren, das Kerngehäuse aber nicht entfernen. Quittenhälften mit der Schnittfläche nach unten dicht nebeneinander in eine Backform setzen. Mit Wein oder Wasser übergießen und mit Zucker bestreuen.

Die Form gut verschließen und die Quitten 4–5 Std. backen, bis sich am Boden der Form üppiger, tiefroter Fruchtsaft gebildet hat.

Die Quitten warm oder abgekühlt mit etwas Saft beträufelt servieren.

Sie halten sich aber auch einige Tage im Kühlschrank.

Panna cotta mit Honig und Vanille

Anstelle von Sahne, mit der Panna cotta üblicherweise zubereitet wird, ist Buttermilch eine fettarme Alternative. In diesem Rezept können Sie wie üblich auch ausschließlich Sahne oder, wie ich es tue, halb Sahne, halb Buttermilch verwenden. Keine Sorge, wenn die Mischung zunächst nicht dicker wird, sie geliert erst, wenn sie abgekühlt. Dosieren Sie die Menge der Gelatine mit Vorsicht: zu viel davon und die Panna cotta wird gummiartig. Die Gelatine mit kaltem Wasser anrühren, andernfalls bilden sich in der heißen Flüssigkeit Klumpen.

Zubereitung: 20 Min.
Garen: 5 Min. +
  3–4 Std. Festwerden
Für 6–8 Personen

500 g Sahne
1 Vanilleschote, längs aufgeschlitzt, oder 2 TL Vanilleextrakt
8 EL flüssiger Honig
115 g Zucker
4 TL gemahlene Gelatine
500 ml Buttermilch

Zum Servieren
Pfirsich-Maracuja-Topping (siehe unten)

250 g Sahne mit Vanilleschote, Honig und Zucker in einem Topf unter Rühren erhitzen, bis sich der Zucker vollständig aufgelöst hat. Die Mischung 1 Min. köcheln lassen.

Den Topf vom Herd nehmen, die Vanilleschote herausnehmen und das Mark herauskratzen. Vanillemark in die heiße Sahnemischung rühren. (Die Schote abspülen, gut trockentupfen und in eine Dose mit Zucker geben. Das verleiht dem Zucker ein feines Vanillearoma.)

Gelatine in einer kleinen Schüssel mit 4 EL kaltem Wasser anrühren und kurz quellen lassen. In der heißen Sahnemischung verrühren, bis sie sich vollständig aufgelöst hat und kein Granulat mehr am Löffel haftet.

Die Mischung 15–20 Min. abkühlen lassen, dabei häufig umrühren. (Sie muss kühl genug sein, damit sie bei Zugabe der Buttermilch nicht ausflockt.) Die restliche Sahne halbsteif schlagen, unter die abgekühlte Sahnemischung rühren, dann die Buttermilch hineingießen und alles zu einer glatten Creme rühren.

Panna cotta auf sechs bis acht Dessertgläser verteilen und abgedeckt im Kühlschrank 3–4 Std. oder bis zu 24 Std. fest werden lassen. Kurz vor dem Servieren mit Pfirsich-Maracuja-Topping garnieren und die Panna cotta kalt servieren.

Pfirsich-Maracuja-Topping

3 Pfirsiche waschen, schälen und das Fruchtfleisch in kleine Würfel schneiden. Mit dem Fruchtfleisch von 4 Passionsfrüchten und 1 EL flüssigem Honig vermischen.

Mini-Pavlovas mit Kokos

Die berühmte Baisertorte zu Ehren der russischen Tänzerin Anna Pawlowa habe ich in Törtchen umgewandelt. Das Schaumgebäck lässt sich bis zu einer Woche im Voraus backen und in einer luftdicht verschlossenen Dose aufbewahren. Vor dem Servieren wird es dann einfach mit der Sahne und dem tropischen Fruchtsalat (siehe unten) angerichtet.

Zubereitung: 15 Min.
Backen: 70 Min.
Ergibt 6–8 Stück

6 Eier, raumtemperiert
1 Prise Salz
335 g feiner Zucker
2 TL Speisestärke
1 TL Branntweinessig
100 g Kokosraspel
1 TL Vanilleextrakt

Zum Servieren
300 g Sahne, gekühlt
tropischer Fruchtsalat (siehe unten)

Den Backofen auf 160 °C vorheizen (keine Umluft verwenden!). Ein Backblech mit Backpapier auslegen.

Die Rührschüssel und die Quirle Ihrer Küchenmaschine oder Ihres elektrischen Handrührgeräts müssen sauber, trocken und absolut fettfrei sein. Eier sorgfältig trennen und die Eiweiße in die Rührschüssel geben. Salz und Zucker hinzufügen und die Eiweiße in etwa 10 Min. zu glänzendem, glattem, sehr dickem Eischnee schlagen. Speisestärke und Essig einige Sekunden unterschlagen, dann zügig Kokosraspel und Vanilleextrakt unterheben (nicht mit den Quirlen unterrühren, sonst lässt das austretende Kokosöl den Eischnee zusammenfallen).

Die Baisermasse esslöffelweise in sechs bis acht Portionen auf das vorbereitete Backblech geben. Je dicker die Portionen sind, umso weicher wird das Innere der Baisers nach dem Backen. Die Oberseite der Baisers jeweils mit einer Gabel spiralförmig durchziehen. Das Backblech für 10 Min. in den Ofen schieben, anschließend die Temperatur auf 130 °C reduzieren und die Baisers 1 Std. weiterbacken, bis sie sich außen knusprig anfühlen.

Die Baisers im abgeschalteten Ofen mind. 2 Std. abkühlen lassen. Wenn Sie sie nicht am selben Tag servieren wollen, halten sie sich in einer luftdicht verschlossenen Dose bis zu einer Woche. Für eine noch spätere Verwendung können Sie die Baisers auch einfrieren.

Vor dem Servieren die Sahne schlagen, bis weiche Spitzen stehen bleiben. Auf jedes Baiser geschlagene Sahne geben und darauf den tropischen Fruchtsalat anrichten.

Tropischer Fruchtsalat

Von ½ Ananas Schale und »Augen« entfernen, den harten Strunk herausschneiden und das Fruchtfleisch in sehr kleine Stäbchen schneiden. 3 Kiwis schälen, das Fruchtfleisch fein würfeln. Ananasstäbchen und Kiwiwürfel mit der Fruchtmasse von 4 Passionsfrüchten vermischen. Der Fruchtsalat hält sich einige Stunden im Kühlschrank und kann vor dem Servieren wieder Raumtemperatur annehmen, da die Früchte sich nicht verfärben.

Himbeersirup

Mag sein, dass Ihnen selbst gemachter Sirup etwas altmodisch vorkommt, aber er schmeckt einfach viel, viel besser als Fertigprodukte, und außerdem wissen Sie genau, was in ihm steckt. Und lassen Sie sich von der Menge an Zucker nicht irritieren, denn mit diesem Rezept stellen Sie einen konzentrierten Fruchtsirup her, der mit Wasser oder Mineralwasser verdünnt wird.

Zubereitung: 5 Min.
Garen: 10 Min.
Ergibt 2 l

1125 g Zucker
abgeriebene Schale von 3 Bio-Zitronen
250 ml frisch gepresster Limettensaft
1 EL Zitronensäure (zum Einmachen) oder Weinsteinsäure
450 g frische oder TK-Himbeeren

Einige Glasflaschen mit fest verschließbarem Deckel sterilisieren.

In einem großen Topf den Zucker mit 750 ml Wasser unter Rühren bis zum Siedepunkt erhitzen, bis er sich vollständig aufgelöst hat. Zuerst Zitronenschale und Limettensaft unterrühren, dann die Zitronen- oder Weinsteinsäure.

Himbeeren dazugeben, kurz aufkochen und 5 Min. köcheln lassen. Topf vom Herd nehmen und den Sirup abkühlen lassen. Anschließend durch ein mit feinem Musselintuch ausgelegtes Sieb streichen.

Den Sirup in die sterilisierten Flaschen gießen, Flaschen fest verschließen und in den Kühlschrank stellen. Der Sirup hält sich so monatelang. Vor dem Servieren den Himbeersirup mit Wasser oder Mineralwasser verdünnen.

Holunderblütensirup

Statt der Himbeeren 40 Holunderblüten-Dolden und 500 ml frisch gepressten Zitronensaft verwenden. Den Sirup 10 Min. abkühlen lassen, anschließend passieren.

Kirschsirup

350 g Kirschen entsteinen und anstelle der Himbeeren 5 Min. köcheln lassen. Anschließend passieren.

Stachelbeersirup

450 g Stachelbeeren anstelle der Himbeeren 5 Min. köcheln lassen. Anschließend passieren.

Himbeereis-Sticks

250 ml Himbeersirup (siehe oben) mit 60 ml Wasser verdünnen. In sechs 125-ml-Eisformen gießen und gefrieren lassen.

Wein ist urwüchsiger Ausdruck der Natur, der Vergnügen und Freude bereitet.

Verjus – aus nichts etwas machen

Bis Zitronen aus dem Mittelmeerraum durch die Kreuzzüge auch im Norden Europas eingeführt wurden, stellte praktisch jeder Haushalt mit Zugang zu Weinbergen Verjus aus den unreifen Weinbeeren her, die beim Auslichten der Trauben vor der Lese anfielen. Der saure Traubensaft diente schon damals als Geschmacksverstärker und als Säuerungsmittel beim Kochen.

Das Auslichten findet bei der sogenannten Véraison statt, wenn der Rebstock seine Energie nicht mehr in den Blattwuchs steckt, sondern hauptsächlich für den Zuckeraufbau in den Früchten verwendet. Heute lässt man die aussortierten Beeren einfach auf dem Boden liegen, doch es ist höchst einfach, sie zu Verjus zu verarbeiten. Man muss sie nur in der Küchenmaschine oder im Mixer pürieren, abseihen und ein paar Stunden stehen lassen, damit sich das Sediment absetzt.

Neulich war ich just zu der Zeit bei Rippon, dem biodynamischen Weingut der mit mir befreundeten Familie Mills, als dort ausgelichtet wurde. Ich sammelte einen Korb voll unreifer Weinbeeren, um zu Hause daraus Verjus zu machen. Da er schnell zu gären beginnt, fror ich den Überschuss in kleinen Portionen ein, um immer etwas vorrätig zu haben. Abgesehen von der Befriedigung, aus nichts etwas gemacht zu haben, ist Verjus für mich ein unverzichtbares Würzmittel geworden, gleichermaßen gut für süße wie für säuerliche Gerichte. Man kann ihn ebenso mit etwas Zucker auf aufgeschnittenes Obst geben wie (mit etwas gemahlenem Pfeffer) Austern damit beträufeln.

Ich lösche eine Pfanne, in der ich Fleisch oder Fisch gebraten habe, gern mit Verjus ab, oft zusammen mit einer Handvoll grüner Pfefferkörner oder einem Löffel Fruchtgelee, was eine großartige Sauce ergibt. Ein Schuss davon über heißes geröstetes Gemüse oder in einen Topf Kartoffelpüree ist sensationell.

Wegen seines milden Geschmacks kann man beim Kochen wesentlich mehr Verjus nehmen als Zitronensaft oder Essig – ich gare etwa ein Hähnchen in ein paar Tassen Verjus, und der gebratene Schweinerücken auf Seite 159 zeigt, welch schöne Komplexität Verjus einem Gericht verleiht. Auf der süßen Seite kann man Gelee daraus machen, ihn mit Eis und Soda zu einem Erfrischungsgetränk mixen oder ihn zum Pochieren von Birnen und Pfirsichen verwenden (köstlich!).

Seit ich seine wunderbare milde Säure entdeckt habe, möchte ich auf Verjus nicht mehr verzichten.

Eingelegte Zitronen

Wer einmal auf den Geschmack eingelegter Zitronen gekommen ist, wird nicht mehr auf sie verzichten wollen und wie ich dafür sorgen, sie im Kühlschrank vorrätig zu haben. Ihre Zubereitung ist so einfach, ihr geschmackgebender Einfluss in Speisen aller Art beeindruckend: ob in Marinaden, nordafrikanischen Tajine-Gerichten, Salaten, Saucen und was immer Ihnen noch in den Sinn kommt. Probieren Sie sie in meiner Chermoula-Marinade (siehe Seite 144) oder verfeinern Sie einen Hähnchenschmortopf oder Couscous-Salat mit ihnen. Die Zitronen zunächst einzufrieren hat den Effekt, dass ihre Zellstruktur aufbricht und der Konservierungsprozess deshalb schneller abläuft.

Zubereitung: 15 Min. +
  Einfrieren + Einlegen
Ergibt 1 mittelgroßes Glas

2 Bio-Zitronen
2 gehäufte TL Salz
Saft von 1 Zitrone
1 Lorbeerblatt
Traubenkernöl oder ein ähnlich geschmacksneutrales Öl

Die Zitronen heiß abwaschen, trocken tupfen und längs in sechs gleich große Spalten schneiden. Zitronenspalten auf einem Tablett auslegen und ins Tiefkühlfach stellen, bis sie hart gefroren sind.

Ein mittelgroßes Schraubglas und seinen Metalldeckel sterilisieren. Gefrorene Zitronenspalten ins Glas schichten, Salz, Zitronensaft und Lorbeerblatt zufügen. Das Glas mit Öl auffüllen und fest verschließen.

Nach etwa einer Woche sind die Schalen der Zitronen gebrauchsfertig, gewinnen aber an Geschmack, je länger sie im verschlossenen Glas eingelegt bleiben. Angebrochene Gläser im Kühlschrank aufbewahren. Zur Verwendung der eingelegten Zitronen das Fruchtfleisch herauslösen und wegwerfen, dann die Schale in feine Streifen schneiden.

Mojito

Zubereitung: 10 Min.
Für 6 Personen

4 Bio-Limetten, in kleine Stücke geschnitten
2 EL Zucker
40 Minzeblätter, sehr grob zerkleinert
125 ml Zitronen- oder Limettensirup
375 ml weißer Rum
Eiswürfel
1 l kohlensäurehaltiges Mineralwasser, gekühlt

Limetten, Zucker und Minzeblätter grob vermischen, Minzeblätter mit einem Stößel leicht zerdrücken. Sirup und Rum unterrühren. Einen Krug mit Eiswürfeln füllen, die Mojito-Mischung hineingießen und mit Mineralwasser auffüllen.

Fisherman's Luck

Zubereitung: 10 Min.
Für 6–8 Personen

1 Flasche Weißwein
500 ml kohlensäurehaltiges Mineralwasser, gekühlt
180 ml Pfirsichlikör
1 Pfirsich oder Nektarine, entsteint, in feine Scheiben geschnitten
375 ml Apfelsaft, zu Eiswürfeln gefroren

Die Zutaten in einem großen Krug verrühren. Zum Servieren in Weingläser gießen.

Sehen Sie Annabel auf www.thefreerangecook.com bei der Zubereitung dieses Rezepts zu

Watermelon Cooler

Zubereitung: 20 Min.
Für 6–8 Personen

½ große Wassermelone
375 ml weißer Rum oder Wodka
180 ml frisch gepresster Limettensaft

Zum Servieren
Eiswürfel
feine Streifen von frischer Minze

Melone entkernen, Fruchtfleisch klein würfeln und im Mixer glatt pürieren (sollte etwa 1,5 l ergeben). Erst Rum oder Wodka untermixen, dann den Limettensaft. Einen großen Krug zur Hälfte mit Eis füllen und den Melonen-Mix hineingießen. Umrühren und mit Minzestreifen garnieren.

Cosmopolitan

Zubereitung: 5 Min.
Für 4 Personen

8 Eiswürfel
180 ml Wodka, gekühlt
60 ml Triple Sec
375 ml Cranberrysaft
2 EL frisch gepresster Limettensaft

Zum Garnieren
Bio-Orangenschale in Spiralen

Eiswürfel in einen Shaker oder kleinen Krug füllen, restliche Zutaten hinzufügen und den verschlossenen Shaker kräftig schütteln oder alles im Krug gut durchrühren. Durch ein Barsieb in kleine Cocktailschalen gießen und mit Spiralen aus Orangenschale garnieren.

Bella's Pink Fizz

Zubereitung: 5 Min.
Für 6 Personen

6 EL TK-Beeren (z. B. Rote Johannisbeeren)
6 TL Himbeersauce (siehe S. 258)
6 TL Crème de Cassis (nach Belieben)
1 Flasche Schaumwein nach der traditionellen Methode, gekühlt

In sechs Sektkelche jeweils 1 EL gefrorene Beeren geben und mit je 1 TL Himbeersauce und nach Belieben Crème de Cassis beträufeln. Vorsichtig mit Schaumwein auffüllen und sofort servieren.

Blood Orange Cocktail

Zubereitung: 10 Min.
Für 4 Personen

4 EL Fruchtfleisch von Passionsfrüchten
4 EL feiner Zucker
Eiswürfel
4 EL Campari
8 EL Blutorangensaft
Prosecco oder kohlensäurehaltiges Mineralwasser, gekühlt

Fruchtfleisch mit Zucker verrühren, bis er sich aufgelöst hat. Vier Cocktailgläser zur Hälfte mit Eiswürfeln füllen, jeweils mit dem Frucht-Mix begießen und je 1 EL Campari und 2 EL Blutorangensaft dazugeben. Mit Prosecco oder Mineralwasser auffüllen, durchrühren und servieren.

Sunset Dream

Zubereitung: 5 Min.
Für 6 Personen

2 Tassen Eiswürfel
250 ml Cream of Coconut
500 ml Ananassaft
500 ml Orangensaft
1 Handvoll Minzeblätter

Eiswürfel in einen Krug füllen, Cream of Coconut, Ananassaft, Orangensaft und Minze dazugeben, gut durchrühren und servieren.

Sangria

Zubereitung: 5 Min.
Für 6–8 Personen

750 ml Rotwein (Merlot eignet sich gut)
750 ml Zitronenlimonade, gekühlt
250 ml frisch gepresster Orangensaft, gekühlt
2–3 EL Grand Marnier oder Cointreau
1 Bio-Orange, in schmale Spalten geschnitten
1 Handvoll Minzeblätter
2 Tassen Eiswürfel

In einem großen Krug die Sangria-Zutaten verrühren, Eiswürfel hineingeben und die Sangria in Weingläsern servieren.

Glossar

Abkürzungen
In den Rezepten werden folgende Abkürzungen verwendet:
EL = Esslöffel (1 EL = 3 TL = 15 ml)
TL = Teelöffel (1 TL = 5 ml)
l = Liter
ml = Milliliter
kg = Kilogramm
g = Gramm
cm = Zentimeter
mm = Millimeter
Min. = Minute(n)
Sek. = Sekunde(n)
Std. = Stunde(n)
TK- = Tiefkühl-

Backofen
Sofern nicht ausdrücklich anders angegeben, beziehen sich die Temperaturangaben in diesem Buch auf die Umluft- bzw. Heißluftfunktion des Backofens. Sollten Sie Ober- und Unterhitze verwenden, muss die Temperatur im Allgemeinen um 10 °C erhöht und die Garzeit um 10–15 % verlängert werden. Vergessen Sie aber nicht, dass jeder Backofen anders ist. Die angegebenen Garzeiten können deshalb nur Richtwerte sein; prüfen Sie den Gargrad also regelmäßig. Den Backofen vor der Zubereitung immer vorheizen.

Blindbacken
Ausdruck dafür, dass ein ungefüllter (Mürbe-)Teigboden vorgebacken wird. Dafür wird der Teigboden mit Backpapier belegt und das Papier mit einer Schicht getrockneter Hülsenfrüchte oder Reis beschwert. Das verhindert, dass der Teig reißt oder am Rand zusammenfällt. Sie können anschließend die abgekühlten Hülsenfrüchte oder den Reis in einem luftdicht verschlossenen Glas zur Wiederverwendung aufbewahren. Es gibt aber auch Backbohnen aus Keramik.

Chilischoten
Zum Entfernen der Kerne (ohne die Schote aufschneiden zu müssen) zunächst den Stielansatz abschneiden und die Schote zwischen den Händen hin und her rollen, um die Kerne zu lösen und sie anschließend herauszuschütteln.

Eier
Beim Trennen von Eiern ist es wichtig, dass das Eigelb nicht verletzt wird und ins Eiweiß fließt, da sich das Eiweiß sonst nicht zu Schnee schlagen lässt. Die Eier einzeln am Rand einer Schüssel aufschlagen, die Hälften über der Schüssel behutsam auseinanderziehen und das Eigelb vorsichtig von einer Schalenhälfte in die andere gleiten lassen, dabei fließt das Eiweiß in die Schüssel. Prüfen Sie es auf Spuren von Eigelb, bevor Sie es in eine saubere, fettfreie große Rührschüssel geben. Für Baisers sollten Sie Eier verwenden, die ein bis zwei Wochen alt sind. Ist das Eiweiß sehr frisch, gehen die Baisers nicht gut auf. Eiweiß lässt sich auch einfrieren. Vor ihrer Verwendung auftauen lassen.

Gläser sterilisieren
Gläser und Flaschen müssen vor dem Einmachen von Obst und Gemüse keimfrei gemacht werden. Dafür das Kochgeschirr mitsamt Deckel gründlich abwaschen und ausspülen, anschließend auskochen oder für 15–20 Min. in den 100 °C heißen Backofen stellen. Die sterilisierten heißen Gläser oder Flaschen nicht auf eine kalte Oberfläche stellen oder mit kalten Speisen füllen, da sie sonst springen können.

Grüner Spargel
Vor dem Garen müssen die harten Enden der Spargelstangen entfernt werden. Dafür einfach jede Stange so weit unten wie möglich umbiegen – die Spargelstange bricht von selbst dort, wo sie gerade noch zart ist. Anschließend können Sie das

Stangenende glatt abschneiden. Grüner Spargel muss nur 3 Min. in kochendem Wasser garen.

Ingwer
Die Schale muss entfernt werden, bevor man den Ingwer fein reibt, klein würfelt oder in Scheiben schneidet. Junge Wurzeln haben eine dünne Schale, die abgerieben oder abgeschabt werden kann, ältere Wurzeln müssen geschält werden.

Kaffirlimettenblätter
Stiel und Blattrippe entfernen und die Blätter fein geschnitten zum Kochgut geben.

Knoblauchpaste
Eine feine Knoblauchpaste erhält man, wenn man das breite Klingenblatt eines schweren Messers über geschälte, grob gehackte und mit etwas Salz bestreute Knoblauchzehen zieht und dabei den Knoblauch kräftig zerdrückt.

Kühlschrankvorräte
Verstreut in diesem Buch finden Sie Rezepte (optisch mit einer Griffleiste gekennzeichnet), mit denen Sie nützliche und praktische Vorräte für den Kühlschrank anlegen können: Saucen, Dressings Aufstriche usw. Sie dienen als Grundlage oder Auftakt für eine Vielzahl von Gerichten.

Maiskörner vom Kolben schneiden
Die gegarten Maiskolben aufrecht auf einem Schneidebrett hinstellen und mit einem schweren scharfen Messer die Körner von oben nach unten abschneiden. Gegarte Maiskörner können vakuumverpackt eingefroren werden.

Mehl (Type 550)
Ein im Vergleich zu normalem Haushaltsmehl (Type 405) besonders backstarkes Weizenmehl mit einem höheren Anteil an Eiweiß und damit Gluten. Es eignet sich besonders gut für Hefe- und Blätterteig bzw. zum Brotbacken.

Paprikaschoten
Grüne Paprikaschoten sind keine eigene Sorte, sondern die unreifen Früchte roter Schoten. Vor ihrer Verwendung müssen Stielansatz, Samen und weiße Trennwände entfernt werden.

Reis kochen
Geben Sie pro Tasse (200 g) Langkorn- oder Jasminreis 1½ Tassen (375 ml) kaltes Wasser und ½ TL Salz in den Topf. Aufkochen lassen, umrühren und den Reis im verschlossenen Topf bei kleinster Hitze 12 Min. garen. Den Topf vom Herd nehmen und den Reis zugedeckt weitere 12 Min. quellen lassen. Reis mit einer Gabel auflockern und servieren.

Schokolade
Ich verwende in der Regel hochwertige Bitterschokolade mit einem Kakaoanteil von 70 % (z. B. von Callebaut oder Valrhona). Schokolade muss kühl, trocken und dunkel gelagert werden, allerdings nicht im Kühlschrank. Wegen den dort herrschenden Temperaturschwankungen und der Feuchtigkeit verfärbt sie sich und wird von einem weißlichen Belag überzogen.

Süßkartoffeln
In Neuseeland wird seit Langem insbesondere die Sorte Kumara kultiviert. Süßkartoffeln sind botanisch übrigens weder mit Kartoffeln noch mit Tompinambur verwandt.

Tomaten entkernen
Das Kerngehäuse von Tomaten ist nicht nur hart, sondern schmeckt auch nicht. Schneiden Sie es mit einem scharfen Messer heraus.

Register

Aioli
Aioli mit geröstetem Knoblauch 56
Eier-Oliven-Salat mit Aioli 56

Ananas: Tropischer Fruchtsalat 296

Äpfel
Bratäpfel mit Crème anglaise 285
Gebratener Schweinerücken mit Fenchel, Zwiebeln und Äpfeln 159
Gebratenes Hähnchen mit Fenchel, Zwiebeln und Äpfeln 159
Lammwürste in Blätterteig mit Rosmarin und Apfel 33

Aprikosen
Aprikosen-Dreispitze mit Vanillecreme 14
Couscous-Aprikosen-Füllung 109
Gegrillte Sommerfrüchte und Feigen 281
Süßer Frühstücksfladen mit Aprikosen 17
Vanille-Obstkuchen 278

Arabisch inspirierte Kasbah-Garnelen 176
Asia-Gemüse in Grün 68
Asiatischer Nudelsalat mit Garnelen 200

Auberginen
Hähnchen-Korma mit Auberginen und grünen Bohnen 132
Vegetarisches Curry 112

Avocados
Blattsalat mit Orange und Avocado 49
Mais-Avocado-Salat 74

Baisers
Mini-Pavlovas mit Kokos 296
Zitronen-Baiser-Creme 254

Basilikum
Basilikumöl 74
Basilikum-Polenta 105

Beeren – siehe auch einzelne Beeren
Rharbarber-Beeren-Crumbles 268

Belegte Brote 29
Blätterteigrolle mit Mangold, Schafskäse und Pinienkernen 114
Blattsalat mit Orange und Avocado 49
Blattsalat mit Schafskäse und Cocktailtomaten 49
Blattsalat mit Walnüssen und Blauschimmelkäse 49

Birnen
Birnen in Verjus 287
Birnen-Walnuss-Salat mit Halloumi 55
Gebackene Birnen in Rotweinsirup 282
Gestürzter Dattel-Birnen-Kuchen 276

Bratäpfel mit Crème anglaise 285

Brokkoli
Asia-Gemüse in Grün 68
Gemischtes Gemüse 102

Brot
Belegte Brote 29
Bruschetta mit Pilzen 34
Busy-People-Brot 29
Im Ofen geröstete Weißbrotscheiben 211
Käse-Schinken-Rauten 25
Knuspriges Fladenbrot 18
Knuspriges Fladenbrot mit Oliven, Tomaten und Kapern 25
Langsam geröstete Tomaten mit Frischkäse und Pita-Broten 67

Lavash mit Sesam und Oregano 30
Parmesan-Basilikum-Krapfen 20
Pita-Knoblauch-Chips oder Knoblauch-Croûtons 67
Süßer Frühstücksfladen mit Aprikosen 17
Vegetarische Calzone 26

Brunnenkresse
Birnen-Walnuss-Salat mit Halloumi 55
Eier-Oliven-Salat mit Aioli 56
Mayonnaise 56

Bruschetta mit Pilzen 34
Busy-People-Brot 29

Caesar-Salat mit Flusskrebsen 192
Calzone, Vegetarische 26
Chermoula-Dip 144
Chermoula-Marinade 144

Chili
Chili-Gelee 128
Chili-Limetten-Salz 78
Chili-Limetten-Sauce zum Dippen 175
Chili-Zitronengras-Dip 190
Hähnchenbrüste mit Zitronengras und Chili aus dem Ofen 136
Harissa 110
Pikante Würzmischung 140
Südostasiatische Currypaste 112
Würziger Knoblauchaufstrich 211
Zitrus-Chili-Dressing 197

Cocktails
Bella's Pink Fizz 309
Blood Orange Cocktail 309
Cosmopolitan 308
Fisherman's Luck 307
Mojito 307
Sangria 310
Sunset Dream 310
Watermelon Cooler 308

Couscous
Couscous-Aprikosen-Füllung 109
Couscous mit Gemüse aus dem Ofen 106
Couscous-Salat mit Trauben und Cranberrys 109

Cranberrys, Couscous-Salat mit Trauben und 109
Crème anglaise 224
Crème fraîche 224

Crumble: Rharbarber-Beeren-Crumbles 268

Currys
Hähnchen-Korma mit Auberginen und grünen Bohnen 132
Mit Currypaste aromatisierter ganzer Fisch aus dem Ofen 207
Südostasiatische Currypaste 112
Vegetarisches Curry 112

Dattel-Birnen-Kuchen, Gestürzter 276
Der wirklich allerbeste Schokoladenkuchen 238

Desserts – siehe auch Eis, Kuchen und Gebäck, Schokolade
Birnen in Verjus 287
Bratäpfel mit Crème anglaise 285
Eclairs mit Kaffeesahne 235
Espresso-Haselnuss-Bruch 244
Gebackene Birnen in Rotweinsirup 282
Gebackene Quitten 292
Gegrillte Sommerfrüchte und Feigen 281

Himbeer-Joghurt-Dessert 258
Honig-Zitronencreme 292
Knusperjoghurt mit frischen Früchten 271
Lemon-Curd-Törtchen 257
Mini-Pavlovas mit Kokos 296
Nektarinen in Verjus-Gelee 289
Panna cotta mit Honig und Vanille 295
Rharbarber-Beeren-Crumbles 268
Süßer Frischkäse als Dessert 222
Tropischer Fruchtsalat 296
Windbeutel mit Erdbeeren und Zitronensahne 233
Zitronen-Baiser-Creme 254

Dijon-Vinaigrette 49

Dips
Pikanter Joghurt-Dip 140
Püree von Dicken Bohnen mit Minze und Parmesan 73
Würziger Knoblauchaufstrich 211

Doppelt gebackene Whitebait-Soufflés 185

Dressings
Aioli mit geröstetem Knoblauch 56
Dijon-Vinaigrette 49
Mayonnaise 56
Sahniges Seafood-Dressing 192
Zitrus-Chili-Dressing 197

Drinks – siehe Cocktails, Sirup
Duftende gebackene Oliven 83
Duftende Seafood-Suppe 212
Eclairs mit Kaffeesahne 235

Eier
Bacon and Egg Pie 38
Eier-Oliven-Salat mit Aioli 56

Eingemachtes
Chili-Gelee 128
Eingelegte Zitronen 304

Eis
Himbeereis-Sticks 298
Himbeer-Marmor-Eis 229
Himbeer-Pistazien-Eis 227
Mit Vanilleeis gefüllte Profiteroles 235
Schokoladeneis hoch zwei 229

Erdbeeren
Geeiste Erdbeertorte 260
Windbeutel mit Erdbeeren und Zitronensahne 233

Erdnüsse: Nudeln mit grünen Bohnen und Erdnüssen 50

Erntefrische Tomatensauce 62
Espresso-Haselnuss-Bruch 244

Fangfrischer Fisch vom Grill mit Chili-Limetten-Salz 208

Fenchel
Gebratener Schweinerücken mit Fenchel, Zwiebeln und Äpfeln 159
Gebratenes Hähnchen mit Fenchel, Zwiebeln und Äpfeln 159

Feigen, Gegrillte Sommerfrüchte und 281
Festliche Gubana 14

Fisch – siehe auch Lachs
  Doppelt gebackene Whitebait-Soufflés 185
  Duftende Seafood-Suppe 212
  Fangfrischer Fisch vom Grill mit Chili-Limetten-Salz 208
  Mit Currypaste aromatisierter ganzer Fisch aus dem Ofen 207
  Whitebait Fritters 181

Fladenbrot – siehe Brot
Fleischbällchen und erntefrischer Tomatensauce, Spaghetti mit 62

Flusskrebs: Caesar-Salat mit Flusskrebsen 192

Forelle – siehe Lachs
Frische Maiskolben 74
Frische Tomatensalsa 64

Frischkäse
  Frischkäse mit Kräutern 222
  Langsam geröstete Tomaten mit Frischkäse und Pita-Broten 67
  Selbst gemachter Frischkäse 222
  Süßer Frischkäse als Dessert 222

Fritters, Whitebait 181
Frühlingsrollen mit Garnelen und Koriander 190

Füllung: Couscous-Aprikosen-Füllung 109

Garnelen
  Arabisch inspirierte Kasbah-Garnelen 176
  Asiatischer Nudelsalat mit Garnelen 200
  Duftende Seafood-Suppe 212
  Frühlingsrollen mit Garnelen und Koriander 190
  Reispapierröllchen mit Garnelen und Minze 175

Gebackene Birnen in Rotweinsirup 282
Gebackene Quitten 292
Gebratener Schweinerücken mit Fenchel, Zwiebeln und Äpfeln 159
Gedämpfte Muscheln mit Tomatensauce 207
Gedünsteter Rotkohl 96
Gegrillte Lammkeule mit pikanter Würzmischung 148
Gegrilltes Gemüse mit Salsa verde 60
Gegrillte Sommerfrüchte und Feigen 281

Gemüse und Beilagen – siehe auch Kartoffeln und einzelne Gemüsesorten
  Asia-Gemüse in Grün 68
  Basilikum-Polenta 105
  Couscous mit Gemüse aus dem Ofen 106
  Gegrilltes Gemüse mit Salsa verde 60
  Gemischtes Gemüse 102
  Gemüse-Pakoras 99
  Papaya mit Koriander und Limettensaft 100
  Rohkostplatte mit Chili-Gelee zum Dippen 128
  Sahnige Polenta 105
  Vegetarische Calzone 26
  Vegetarisches Curry 112

Geröstete neue Kartoffeln mit Thymian 91
Geschmorter Ochsenschwanz mit Sternanis 162
Gestürzter Dattel-Birnen-Kuchen 276

Grüne Bohnen
  Grüne Bohnen mit Zitrone 68
  Hähnchen-Korma mit Auberginen und grünen Bohnen 132
  Nudeln mit grünen Bohnen und Erdnüssen 50

Gruyère: Kartoffelgratin mit Gruyère und Knoblauch 88

Gubana, Festliche 14

Gurken
  Indische Joghurt-Gurken-Sauce mit Minze 100
  Marokkanischer Gurkensalat 142
  Reispapierröllchen mit Garnelen und Minze (Variante) 175

Hähnchen
  Gebratene Hähnchenbrüste mit Verjus-Sauce 135
  Gebratenes Hähnchen mit Fenchel, Zwiebeln und Äpfeln 159
  Hähnchenbrüste mit Zitronengras und Chili aus dem Ofen 136
  Hähnchenflügel oder Hähnchenschenkel aus dem Ofen 128
  Hähnchen-Korma mit Auberginen und grünen Bohnen 132
  Reispapierröllchen mit Garnelen und Minze (Variante) 175
  Würzige Hähnchenspieße 142

Halloumi, Birnen-Walnuss-Salat mit 55
Harissa 110

Haselnüsse: Espresso-Haselnuss-Bruch 244

Heidelbeeren
  Heidelbeerkuchen mit Knusperstreuseln 272
  Knusperjoghurt mit frischen Früchten 271

Himbeeren
  Himbeereis-Sticks 298
  Himbeer-Joghurt-Dessert 258
  Himbeer-Marmor-Eis 229
  Himbeer-Pistazien-Eis 227
  Himbeersauce 258
  Himbeer-Schoko-Tartelettes 263
  Himbeersirup 298

Holunderblütensirup 298

Honig
  Honig-Zitronencreme 292
  Panna cotta mit Honig und Vanille 295
  Pfirsich-Maracuja-Topping 295
  Süßer Frischkäse als Dessert 222

Im Ofen geröstete Weißbrotscheiben 211
Indische Joghurt-Gurken-Sauce mit Minze 100
Ingwer, Pak Choy mit 102
In Sojasauce geröstete Mandeln 83

Jakobsmuscheln auf Spargel-Zuckerschoten-Salat 197

Joghurt
  Chermoula-Dip 144
  Chermoula-Marinade 144
  Indische Joghurt-Gurken-Sauce mit Minze 100
  Himbeer-Joghurt-Dessert 258
  Knusperjoghurt mit frischen Früchten 271
  Pikanter Joghurt-Dip 140
  Selbst gemachter Frischkäse 222

Kaffeesahne, Eclairs mit 235
Kalamari-Ringe, Würzig frittierte 205
Karamellisierte Zwiebeln 86

Kartoffeln
  Geröstete neue Kartoffeln mit Thymian 91
  Kartoffelgratin mit Gruyère und Knoblauch 88
  Kartoffelsalat mit Kapern und Minze 92
  Knusprige selbst gemachte Pommes 91
  Knuspriges Fladenbrot 18
  Ofenkartoffeln mit saurer Sahne und Chili-Limetten-Salz 78
  Vegetarisches Curry 112

Würstchen und Kartoffelpüree mit Zwiebelsauce 86
Würziger Knoblauchaufstrich 211

Käse – siehe auch Frischkäse, Schafskäse
  Birnen-Walnuss-Salat mit Halloumi 55
  Käse-Schinken-Rauten 25
  Kartoffelgratin mit Gruyère und Knoblauch 88
  Parmesan-Basilikum-Krapfen 20
  Ziegenkäse-Spinat-Soufflés 117

Kichererbsen-Paprika-Pfanne, Pikante 140
Kirschen, Schokoladentiramisu mit 265

Kiwis: Tropischer Fruchtsalat 296

Knoblauch
  Aioli mit geröstetem Knoblauch 56
  Kartoffelgratin mit Gruyère und Knoblauch 88
  Pita-Knoblauch-Chips oder Knoblauch-Croûtons 67
  Würziger Knoblauchaufstrich 211

Knusperjoghurt mit frischen Früchten 271
Knusprige Karamellriegel 271
Knusprige Polenta-Ecken 105
Knusprige selbst gemachte Pommes 91
Knuspriges Fladenbrot 18
Knuspriges Fladenbrot mit Oliven, Tomaten und Kapern 25

Kohl
  Gedünsteter Rotkohl 96
  Saftiger Krautsalat 92

Kokos, Selbst gemachte Marshmallows mit 246
Kräuterküchlein mit Räucherlachs 194
Krautsalat, Saftiger 92

Kuchen und Gebäck – siehe auch Desserts
  Aprikosen-Dreispitze mit Vanillecreme 14
  Der wirklich allerbeste Schokoladenkuchen 238
  Festliche Gubana 14
  Geeiste Erdbeertorte 260
  Gestürzter Dattel-Birnen-Kuchen 276
  Heidelbeerkuchen mit Knusperstreuseln 272
  Himbeer-Schoko-Tartelettes 263
  Knusprige Karamellriegel 271
  Lemon-Curd-Törtchen 257
  Schoko-Muffins 238
  Vanille-Obstkuchen 278
  Zimtschnecken 13
  Zwetschgenmuffins 278

Küchlein
  Kräuterküchlein mit Räucherlachs 194
  Maisküchlein 194
  Whitebait Fritters 181
  Zucchiniküchlein mit Schafskäse und Minze 194

Kürbis
  Couscous mit Gemüse aus dem Ofen 106
  Vegetarisches Curry 112

Lachs
  Kräuterküchlein mit Räucherlachs 194
  Lachs oder Forelle in Teeblättern geräuchert 189
  Lachs oder Forelle in Zeitungspapier gegart 202

Lamm
  Gegrillte Lammkeule mit pikanter Würzmischung 148
  Lammkronen mit Salsa verde 165
  Lammwürste in Blätterteig mit Rosmarin und Apfel 33
  Zypriotische Shepherd's Pie 160

Langsam geröstete Tomaten 67
Langsam geröstete Tomaten mit Frischkäse und Pita-Broten 67
Langsam geschmorte rote Zwiebeln 84
Lavash mit Sesam und Oregano 30

Limetten
   Chili-Limetten-Salz 78
   Chili-Limetten-Sauce zum Dippen 175
   Papaya mit Koriander und Limettensaft 100

Marinade: Chermoula-Marinade 145

Mais
   Frische Maiskolben 74
   Mais-Avocado-Salat 74
   Maisküchlein 194

Mandeln, In Sojasauce geröstete 83
Maracuja – siehe Passionsfrucht
Marokkanischer Gurkensalat 142
Marshmallows mit Kokos, Selbst gemachte 246
Mayonnaise 56
Meerrettichcreme 181
Menüs 70, 118, 130, 166, 178, 248

Minze
   Indische Joghurt-Gurken-Sauce mit Minze 100
   Kartoffelsalat mit Kapern und Minze 92
   Mojito (Cocktail) 307
   Püree von Dicken Bohnen mit Minze und Parmesan 73
   Reispapierröllchen mit Garnelen und Minze 175
   Zucchiniküchlein mit Schafskäse und Minze 194

Mini-Pavlovas mit Kokos 296
Mit Currypaste aromatisierter ganzer Fisch aus dem Ofen 207
Mit Vanilleeis gefüllte Profiteroles 235

Möhren: Pastinaken-Möhren-Püree 96

Muscheln
   Duftende Seafood-Suppe 212
   Gedämpfte Muscheln mit Tomatensauce 207

Nektarinen in Verjus-Gelee 289

Nudeln
   Asiatischer Nudelsalat mit Garnelen 200
   Nudeln mit grünen Bohnen und Erdnüssen 50
   Penne mit Pesto von gerösteten Paprikaschoten und Spinat 80
   Reispapierröllchen mit Garnelen und Minze 175
   Spaghetti mit Fleischbällchen und erntefrischer Tomatensauce 62

Ochsenschwanz mit Sternanis, Geschmorter 162
Ofenkartoffeln mit saurer Sahne und Chili-Limetten-Salz 78

Oliven
   Duftende gebackene Oliven 83
   Eier-Oliven-Salat mit Aioli 56
   Knuspriges Fladenbrot mit Oliven, Tomaten und Kapern 25

Orange: Blattsalat mit Orange und Avocado 49

Pak Choy mit Ingwer 102
Panna cotta mit Honig und Vanille 295
Papaya mit Koriander und Limettensaft 100

Paprika
   Eier-Oliven-Salat mit Aioli 56
   Erntefrische Tomatensauce 62
   Penne mit Pesto von gerösteten Paprikaschoten und Spinat 80
   Pesto von gerösteten Paprikaschoten 80
   Pikante Kichererbsen-Paprika-Pfanne 140

   Rindfleischspieße mit Pesto von gerösteten Paprikaschoten 80

Parmesan-Basilikum-Krapfen 20
Passierte Tomatensauce 64

Passionsfrucht
   Pfirsich-Maracuja-Topping 295
   Tropischer Fruchtsalat 296

Pastinaken
   Pastinaken-Möhren-Püree 96
   Zypriotische Shepherd's Pie 160

Penne mit Pesto von gerösteten Paprikaschoten und Spinat 80
Pesto von gerösteten Paprikaschoten 80

Pfirsiche
   Gegrillte Sommerfrüchte und Feigen 281
   Pfirsich-Maracuja-Topping 295
   Vanille-Obstkuchen 278

Pikante Kichererbsen-Paprika-Pfanne 140
Pikanter Joghurt-Dip 140
Pikante Würzmischung 140
Pie – siehe Tarte

Pilze
   Bruschetta mit Pilzen 34
   Rindersteaks mit Pilzsauce 153

Pita-Knoblauch-Chips oder Knoblauch-Croûtons 67

Polenta
   Basilikum-Polenta 105
   Knusprige Polenta-Ecken 105
   Polentateig 257
   Sahnige Polenta 105

Portweinsirup 281
Profiteroles, Mit Vanilleeis gefüllte 235
Püree von Dicken Bohnen mit Minze und Parmesan 73

Quesadillas 34

Rharbarber-Beeren-Crumbles 268

Rind
   Geschmorter Ochsenschwanz mit Sternanis 162
   Rindersteaks mit Pilzsauce 153
   Rindfleischsalat im Thai-Stil 154
   Rindfleischspieße mit Pesto von gerösteten Paprikaschoten 80
   Spaghetti mit Fleischbällchen und erntefrischer Tomatensauce 62
   Steaks aus der Pfanne mit Chili-Limetten-Salz 78
   Steakstreifen und Salsa, zischend heiß serviert 150

Rohkostplatte mit Chili-Gelee zum Dippen 128

Rosmarin: Lammwürste in Blätterteig mit Rosmarin und Apfel 33

Rote Bete: Rucolasalat mit Roter Bete aus dem Ofen 46

Rotkohl, Gedünsteter 96
Rucolasalat mit Roter Bete aus dem Ofen 46

Saftiger Krautsalat 92
Sahnige Polenta 105
Sahniges Seafood-Dressing 192

Salate
   Asia-Gemüse in Grün 68
   Asiatischer Nudelsalat mit Garnelen 200
   Birnen-Walnuss-Salat mit Halloumi 55
   Blattsalat mit Orange und Avocado 49

   Blattsalat mit Schafskäse und Cocktailtomaten 49
   Blattsalat mit Walnüssen und Blauschimmelkäse 49
   Caesar-Salat mit Flusskrebsen 192
   Eier-Oliven-Salat mit Aioli 56
   Jakobsmuscheln auf Spargel-Zuckerschoten-Salat 197
   Kartoffelsalat mit Kapern und Minze 92
   Mais-Avocado-Salat 74
   Marokkanischer Gurkensalat 142
   Rindfleischsalat im Thai-Stil 154
   Rucolasalat mit Roter Bete aus dem Ofen 46
   Saftiger Krautsalat 92

Saucen und Salsas
   Erntefrische Tomatensauce 62
   Frische Tomatensalsa 64
   Harissa 110
   Indische Joghurt-Gurken-Sauce mit Minze 100
   Meerrettichcreme 181
   Passierte Tomatensauce 64
   Pesto von gerösteten Paprikaschoten 80
   Salsa verde 60
   Steaksauce von karamellisierten Zwiebeln 86

Saucen, Süße
   Himbeersauce 258
   Portweinsirup 281
   Verführerische Toffeesauce 276

Schafskäse
   Blätterteigrolle mit Mangold, Schafskäse und Pinienkernen 114
   Blattsalat mit Schafskäse und Cocktailtomaten 49
   Tarte mit karamellisierten Zwiebeln und Schafskäse 36
   Zucchiniküchlein mit Schafskäse und Minze 194

Schinken: Käse-Schinken-Rauten 25

Schokolade
   Der wirklich allerbeste Schokoladenkuchen 238
   Espresso-Haselnuss-Bruch 244
   Festliche Gubana 14
   Himbeer-Schoko-Tartelettes 263
   Schoko-Ganache 240
   Schokoladeneis hoch zwei 229
   Schokoladenterrine mit Cranberrys und Pistazien 243
   Schokoladentiramisu mit Kirschen 265
   Schokoladentrüffel 240
   Schoko-Muffins 238

Schwein
   Gebratener Schweinerücken mit Fenchel, Zwiebeln und Äpfeln 159
   Rillette vom Schwein mit Pflaumensauce 127
   Schweinekrustenbraten in Milch 156
   Spaghetti mit Fleischbällchen und erntefrischer Tomatensauce 62

Seafood-Suppe, Duftende 212
Selbst gemachte Marshmallows mit Kokos 246
Selbst gemachter Frischkäse 222

Sirup
   Gebackene Birnen in Rotweinsirup 282
   Himbeersirup 298
   Holunderblütensirup 298
   Kirschsirup 298
   Stachelbeersirup 298

Snacks – siehe Vorspeisen und Snacks

Sojasauce: In Sojasauce geröstete Mandeln 83

Soufflés
    Doppelt gebackene Whitebait-Soufflés 185
    Ziegenkäse-Spinat-Soufflés 117

Spaghetti mit Fleischbällchen und erntefrischer Tomatensauce 62

Spargel
    Asia-Gemüse in Grün 68
    Jakobsmuscheln auf Spargel-Zuckerschoten-Salat 197

Speck: Bacon and Egg Pie 38

Spieße
    Rindfleischspieße mit Pesto von gerösteten Paprikaschoten 80
    Würzige Hähnchenspieße 142

Spinat
    Birnen-Walnuss-Salat mit Halloumi 55
    Blätterteigrolle mit Mangold, Schafskäse und Pinienkernen 114
    Penne mit Pesto von gerösteten Paprikaschoten und Spinat 80
    Ziegenkäse-Spinat-Soufflés 117

Stachelbeersirup 298
Steaks aus der Pfanne mit Chili-Limetten-Salz 78
Steaksauce von karamellisierten Zwiebeln 86
Steakstreifen und Salsa, zischend heiß serviert 150

Streusel 268
    Heidelbeerkuchen mit Knusperstreuseln 272
    Knusperjoghurt mit frischen Früchten 271
    Knusprige Karamellriegel 271
    Rharbarber-Beeren-Crumbles 268

Südostasiatische Currypaste 112
Süßer Frischkäse als Dessert 222
Süßer Frühstücksfladen mit Aprikosen 17

Suppen
    Duftende Seafood-Suppe 212
    Zwiebelsuppe 86

Süßkartoffeln
    Couscous mit Gemüse aus dem Ofen 106
    Vegetarisches Curry 112

Tarte, Tartelettes und Pie
    Bacon and Egg Pie 38
    Himbeer-Schoko-Tartelettes 263
    Lemon-Curd-Törtchen 257
    Tarte mit karamellisierten Zwiebeln und Schafskäse 36

Teige
    Blätterteig 36
    Brandteig 233
    Hefeteig 13
    Kartoffel-Hefe-Teig 18
    Polentateig 257
    Tartelette- und Tart-Teig 263

Tiramisu: Schokoladentiramisu mit Kirschen 265

Toast Melba 127
Toffeesauce, Verführerische 276

Tomaten
    Blattsalat mit Schafskäse und Cocktailtomaten 49
    Erntefrische Tomatensauce 62
    Frische Tomatensalsa 64
    Knuspriges Fladenbrot mit Oliven, Tomaten und Kapern 25
    Langsam geröstete Tomaten 67
    Langsam geröstete Tomaten mit Frischkäse und Pita-Broten 67
    Passierte Tomatensauce 64

Trauben – siehe auch Verjus
    Couscous-Salat mit Trauben und Cranberrys 109

Tropischer Fruchtsalat 296

Trüffel: Schokoladentrüffel 240

Vanille
    Aprikosen-Dreispitze mit Vanillecreme 14
    Crème anglaise 224
    Mit Vanilleeis gefüllte Profiteroles 235
    Panna cotta mit Honig und Vanille 295
    Vanille-Obstkuchen 278

Vegetarische Gerichte
    Birnen-Walnuss-Salat mit Halloumi 55
    Blattsalat mit Orange und Avocado 49
    Blattsalat mit Schafskäse und Cocktailtomaten 49
    Blattsalat mit Walnüssen und Blauschimmelkäse 49
    Blätterteigrolle mit Mangold, Schafskäse und Pinienkernen 114
    Bruschetta mit Pilzen 34
    Couscous-Salat mit Trauben und Cranberrys 109
    Couscous mit Gemüse aus dem Ofen 106
    Gemüse-Pakoras 99
    Knuspriges Fladenbrot mit Oliven, Tomaten und Kapern 25
    Langsam geröstete Tomaten mit Frischkäse und Pita-Broten 67
    Mais-Avocado-Salat 74
    Maisküchlein 194
    Nudeln mit grünen Bohnen und Erdnüssen 50
    Ofenkartoffeln mit saurer Sahne und Chili-Limetten-Salz 78
    Parmesan-Basilikum-Krapfen 20
    Penne mit Pesto von gerösteten Paprikaschoten und Spinat 80
    Pikante Kichererbsen-Paprika-Pfanne 140
    Pita-Knoblauch-Chips oder Knoblauch-Croûtons 67
    Quesadillas 34
    Reispapierröllchen (Variante) 175
    Rucolasalat mit Roter Bete aus dem Ofen 46
    Tarte mit karamellisierten Zwiebeln und Schafskäse 36
    Vegetarische Calzone 26
    Ziegenkäse-Spinat-Soufflés 117
    Zucchiniküchlein mit Schafskäse und Minze 194
    Vegetarische Calzone 26
    Vegetarisches Curry 112

Verjus
    Birnen in Verjus 287
    Gebratene Hähnchenbrüste mit Verjus-Sauce 135
    Gebratener Schweinerücken mit Fenchel, Zwiebeln und Äpfeln 159
    Gebratenes Hähnchen mit Fenchel, Zwiebeln und Äpfeln 159
    Nektarinen in Verjus-Gelee 289
    Zubereitung 287

Vinaigrette: Dijon-Vinaigrette 49

Vorspeisen und Snacks
    Duftende gebackene Oliven 83
    Frühlingsrollen mit Garnelen und Koriander 190
    Gedämpfte Muscheln mit Tomatensauce 207
    Gemüse-Pakoras 99
    Hähnchenflügel oder Hähnchenschenkel aus dem Ofen 128
    In Sojasauce geröstete Mandeln 83
    Knusprige Polenta-Ecken 105
    Knusprige selbst gemachte Pommes 91
    Kräuterküchlein mit Räucherlachs 194
    Lachs oder Forelle in Teeblättern geräuchert 189
    Lammwürste in Blätterteig mit Rosmarin und Apfel 33
    Lavash mit Sesam und Oregano 30
    Maisküchlein 194
    Parmesan-Basilikum-Krapfen 20
    Pikanter Joghurt-Dip 140
    Quesadillas 34
    Reispapierröllchen mit Garnelen und Minze 175
    Rillette vom Schwein mit Pflaumensauce 127
    Toast Melba 127
    Whitebait Fritters 181
    Würzig frittierte Kalamari-Ringe 205
    Zucchiniküchlein mit Schafskäse und Minze 194

Walnüsse
    Blattsalat mit Walnüssen und Blauschimmelkäse 49
    Birnen-Walnuss-Salat mit Halloumi 55

Whitebait
    Doppelt gebackene Whitebait-Soufflés 185
    Whitebait Fritters 181

Würstchen und Kartoffelpüree mit Zwiebelsauce 86
Würzige Hähnchenspieße 142
Würziger Knoblauchaufstrich 211
Würzig frittierte Kalamari-Ringe 205
Würzmischung, Pikante 140

Ziegenkäse-Spinat-Soufflés 117
Zimtschnecken 13

Zitronen
    Eingelegte Zitronen 304
    Grüne Bohnen mit Zitrone 68
    Honig-Zitronencreme 292
    Lemon Curd 254
    Lemon-Curd-Törtchen 257
    Windbeutel mit Erdbeeren und Zitronensahne 233
    Zitronen-Baiser-Creme 254

Zitrus-Chili-Dressing 197

Zucchini
    Asia-Gemüse in Grün 68
    Gemischtes Gemüse 102
    Zucchiniküchlein mit Schafskäse und Minze 194

Zuckerschoten: Jakobsmuscheln auf Spargel-Zuckerschoten-Salat 197

Zwetschgen
    Vanille-Obstkuchen 278
    Zwetschgenmuffins 278

Zwiebeln
    Gebratener Schweinerücken mit Fenchel, Zwiebeln und Äpfeln 159
    Gebratenes Hähnchen mit Fenchel, Zwiebeln und Äpfeln 159
    Karamellisierte Zwiebeln 86
    Langsam geschmorte rote Zwiebeln 84
    Tarte mit karamellisierten Zwiebeln und Schafskäse 36
    Würstchen und Kartoffelpüree mit Zwiebelsauce 86
    Zwiebelsuppe 86

Zypriotische Shepherd's Pie 160

Danksagung

Viele wunderbare Menschen haben an diesem Projekt mitgewirkt, ohne deren Fähigkeiten, unermüdliche Energie und Unterstützung es niemals zustandegekommen wäre. Zunächst mein Mann Ted, Partner im Leben wie im Geschäft: Ohne dich hätte ich es niemals angehen wollen! Im engen Zeitplan des Drehs der Fernsehserie und der Produktion dieses Buchs waren die Mahlzeiten, die du uns gekocht hast, zusammen mit der Unterstützung unserer großartigen Kinder Sean und Rose, mein Rettungsanker.

Es ist ein großes Glück, mit einem derart fähigen Team im Büro arbeiten zu können. Großer Dank gilt Office Manager Belinda Storey, Publishing Manager Debra Millar, Designerin Melissa Bulkeley, Alix Carere, die so viele der wunderschönen Bilder in diesem Buch fotografiert hat, Lektorin Jane Binsley, Emerald Gilmour, dem Food Manager für die Serie, sowie Lesley Fan in der Versuchsküche.

Ich danke Bernard Macleod und Paul Ridley bei FremantleMedia Enterprises dafür, dass sie an mich und diese Idee geglaubt und mir die Gelegenheit gegeben haben, unsere fantastische Fernsehserie zu produzieren. Dank ans Produktionteam bei TVNZ, den Regisseuren, der tollen Crew und allen, die hinter den Kulissen dabei waren. Ihr habt alle sehr hart gearbeitet, aber wir hatten auch oft Spaß zusammen – Scott and Suzanne, die sich am Set kennenlernten, haben sogar geheiratet!

Ich danke allen, die wir beim Drehen der Serie besucht haben, die mit bei uns am Set waren und die uns ihre Zeit geopfert haben, um uns zu helfen.

Und schließlich meinen Freunden und meiner Familie: Ihr habt mich zum Lachen gebracht, ins Kino, zu Spaziergängen und auf einen Kaffee mitgenommen und mich so aus meinem Tunnel geholt. Danke für alles!

Unsere Garantie

Alle Informationen in diesem Ratgeber sind sorgfältig und gewissenhaft geprüft. Sollte dennoch einmal ein Fehler enthalten sein, schicken Sie uns das Buch mit dem entsprechenden Hinweis an unseren Leserservice zurück. Wir tauschen Ihnen den GU-Ratgeber gegen einen anderen zum gleichen oder ähnlichen Thema um.

Liebe Leserin und lieber Leser,

wir freuen uns, dass Sie sich für ein GU-Buch entschieden haben. Mit Ihrem Kauf setzen Sie auf die Qualität, Kompetenz und Aktualität unserer Ratgeber. Dafür sagen wir Danke! Wir wollen als führender Ratgeberverlag noch besser werden. Daher ist uns Ihre Meinung wichtig. Bitte senden Sie uns Ihre Anregungen, Ihre Kritik oder Ihr Lob zu unseren Büchern. Haben Sie Fragen oder benötigen Sie weiteren Rat zum Thema? Wir freuen uns auf Ihre Nachricht!

Wir sind für Sie da!
Montag–Donnerstag:
8.00–18.00 Uhr;
Freitag: 8.00–16.00 Uhr
Tel.: 0180-5005054*
Fax: 0180-5012054*
E-Mail:
leserservice@graefe-und-unzer.de

*(0,14 €/Min. aus dem dt. Festnetz/ Mobilfunkpreise können abweichen.)

P.S.: Wollen Sie noch mehr Aktuelles von GU wissen, dann abonnieren Sie doch unseren kostenlosen GU-Online-Newsletter und/oder unsere kostenlosen Kundenmagazine.

GRÄFE UND UNZER VERLAG
Leserservice
Postfach 86 03 13
81630 München

Die Originalausgabe dieses Buches ist unter dem Titel »The Free Range Cook« bei Annabel Langbein Media Ltd, PO Box 99068, Newmarket, Auckland 1149, New Zealand, erschienen.

Autorin: Annabel Langbein
www.annabel-langbein.com

© 2010 Rezepte und Text copyright Annabel Langbein

© 2010 Fotografie Annabel Langbein Media, ausgenommen siehe Bildnachweis

© 2010 Design und Layout Annabel Langbein Media

Copyright der deutschen Ausgabe

© 2012 GRÄFE UND UNZER VERLAG GmbH, Grillparzerstr. 12, 81675 München

Alle Rechte vorbehalten. Nachdruck, auch auszugsweise, sowie Verbreitung durch Film, Funk, Fernsehen und Internet, durch fotomechanische Wiedergabe, Tonträger und Datenverarbeitungssysteme jeglicher Art nur mit schriftlicher Genehmigung des Verlags.

Projektleitung: Stefanie Poziombka
Übersetzung: Martin Waller
Lektorat und Redaktion: Karen Dengler
Satz: Anja Dengler
Gesamtproduktion der deutschen Ausgabe: Werkstatt München · Buchproduktion
Umschlaggestaltung: independent Medien-Design, Horst Moser, München
(Umschlag und Innenlayout der Originalausgabe: Annabel Langbein Media 2010)

Herstellung: Markus Plötz
Reproduktion: Repro Ludwig, Zell am See
Druck: Aprinta, Wemding
Bindung: Conzella, Pfarrkirchen

Bildnachweis: Umschlag und Innenteil ALM Fotograf Alix Carere; weitere Bilder: Tessa Chrisp: S. 4, 7, 8, 9, 22 (oben links), 23, 42, 53 (oben rechts), 58, 59, 94, 95, 138, 139, 146, 147, 152 (oben links, unten rechts), 198 (oben, unten rechts), 199, 214, 215, 274 (oben rechts), 275, 316, U4 (oben links); Aaron McLean: S. 10, 24 (oben links, unten rechts), 31 (oben links), 90 (oben rechts), 116, 221 (Mitte), 223 (links, oben rechts), 262, 269 (oben links), 279 (oben links), 312 (oben rechts, oben links); Kieran Scott: S. 12, 22 (oben recht, unten links), 31 (rechts), 35 (oben links), 125 (oben rechts), 198 (unten links); Nick Tresidder: S. 280 (oben links), 312 (Mitte links); Manja Wachsmuth: S. 76 (oben links), 77.

ISBN 978-3-8338-2822-5

1. Auflage 2012

 www.facebook.com/gu.verlag

Ein Unternehmen der
GANSKE VERLAGSGRUPPE

BEVOR ES BEI EUCH HELL WIRD

NEW ZEALAND
Ehrengast der Frankfurter Buchmesse 2012